# 故宮宴

苑洪琪・顧玉亮 著

## 推薦序——用料理看見歲月的美好痕跡

傳承中華美食文化一直是我們的理念，經由中式傳統料理，讓大眾吃到經典的皇家菜餚，各菜色在歲月的洗滌下依舊風韻猶存；而每道料理背後的故事更值得細細探尋。《故宮宴》猶如一本皇家膳單，精實紀錄了六十七道料理的典故淵源，另加兩類宮廷飲品，是中華飲食文化的最佳寫照。

我們曾在「十全乾隆宴」復刻出乾隆帝愛吃的櫻桃肉，這道菜看似簡單樸實，其實相當費工，而這道菜實際上與水果櫻桃毫無關係，這其中的箇中故事，就等待讀者們往下「細細品味」。書中的如意捲、豌豆黃，也會不定期出現在我們的「多寶格御點集」料理中；而這兩道菜源自大清皇室的點心——餑餑，是餑餑眾多品項的其中之二。「糖漬栗子」這道佳餚深受民眾喜愛，相關的料理有其歷史淵源；先人知道栗子能養胃健脾、補腎強筋，而因此創造了多道栗子的宮廷料理，這些都是本書想要帶給讀者的料理文化背景。

透過一道道美食，能洞察大清在北方無法種稻困境下的農業發展、從陸產與海鮮料理的比重看宮廷位置的地理特色，經由份例的分配瞭解皇權和封建等級制度的嚴謹規範……。從「滿漢席」，看民族文化融合與吞併；從「蓮子鴨」的賞賜，看帝王對后妃的寵愛尊卑；從「臘八粥」，看臘月傳統與文化凝聚……。

《故宮宴》不只是料理，更是皇權與時代的社會縮影，讓我們經由美食，看見歲月的美好痕跡。

故宮晶華　經營團隊

# 前言

我在故宮工作了四十四年，我所在的宮廷歷史組研究的是宮廷生活和衣食住行。故宮，泛指過去的皇宮。中國是世界上最早誕生文明的國家之一，有近五千年的歷史，清代是離我們最近的一個朝代，它的宴會記錄比較詳細，可以說達到了古代美食的巔峰，也是近現代美食的起點。

很多讀者都非常關注清代宮廷的飲食，民間也有很多傳聞，比如皇帝是不是每頓飯都吃一百零八道菜？皇帝們眞的吃得很奢華嗎？他們都吃些什麼呢？我想從薦新這個角度，再結合《膳底檔》的記錄，藉著「故宮宴」三個字，來介紹一下紫禁城裡的清代宮廷美食文化。

四十四年的工作和研究，我看的較多的史料是《御茶膳房》和《內務府遺產》。這裡有用於記錄皇帝每日用膳情況的《膳底檔》。《膳底檔》會將早膳和晚膳的食譜、廚師名單、用膳地點、膳桌擺設、使用餐具以及皇帝是否有賜膳等都詳細記載，不僅是皇帝在宮中的用膳情況，在宮外時也同樣記錄。

什麼是薦新呢？在古代當有新的收穫物時人們並非自己先用，而是先舉行儀式祭拜、敬獻神明和祖先，然後再自己享用，這就叫作薦新禮。薦新在周代時已有了禮儀規定，歷朝歷代統治者都十分重視薦新的禮儀，並逐漸將薦新發展成爲每月一次的禮法儀式。每個朝代都會根據時令蔬果和飲食習慣來決定自己的薦新食材。

明代洪武二年「重訂時饗，春以清明，夏以端午，秋以中元，冬以冬至，惟歲除如舊」，一年四季要舉行五次比較重大的祭饗薦新活動，並每月由太常寺主持薦新，凡是薦新未獻太廟者不得私獻家廟。《明史．志第二十七禮五》明確記載：

正月：韭、薺、生菜、雞子、鴨子；

二月：水芹、蔞蒿、薹菜、子鵝；

三月：茶、筍、鯉魚、鮆魚；

四月：櫻桃、梅、杏、鰣魚、雉；

五月：新麥、王瓜、桃、李、來禽、嫩雞；

六月：西瓜、甜瓜、蓮子、冬瓜；

七月：菱、梨、紅棗、葡萄；

八月：芡、新米、藕、茭白、薑、鱖魚；

九月：小紅豆、栗、柿、橙、蟹、鯿魚；

十月：木瓜、柑、橘、蘆菔、兔、雁；

十一月：蕎麥、甘蔗、天鵝、鶿、鹿；

十二月：芥菜、菠菜、白魚、鯽魚。

清代皇室源於東北滿族，入關後由其重視薦新禮儀。據載，薦新太廟的程式僅次於祭天儀式。薦新的物品每月更換，以時令鮮蔬水果以及家禽的蛋、豬、鹿、兔、魚等按月更換。薦新儀式前，皇帝要親自派專人到太廟告知並檢查薦新祭神用的牲畜和物品。

清代薦新物品與明代略有不同，《清史稿・禮志四》的記載是：

正月：鯉魚、青韭、鴨卵；

二月：萵苣、菠菜、小蔥、芹菜、鱖魚；

三月：王瓜、蔞蒿、芸薹、茼蒿、蘿蔔；

四月：櫻桃、茄子、雛雞；

五月：桃、杏、李、桑葚、蔆香、瓜子、鵝；

六月：杜梨、西瓜、葡萄、蘋果；

七月：梨、蓮子、菱、藕、榛仁、野雞；

八月：山藥、栗實、野鴨；

九月：柿、雁；

十月：松仁、軟棗、蘑菇、木耳；

十一月：銀魚、鹿肉；

十二月：蓼芽、綠豆芽、兔、蟫蝗魚。

清代薦新物品與明代相比特點十分明顯，一是對歷代按照時令節氣將新鮮果蔬奉獻於祖先和神靈一直遵循不逾，二是突出滿族發祥地東北物產，如正月的鯉魚是東北鑿冰取魚的傳統；五月的蕨菜又稱萬壽菜，是長白山的特產；七月的野雞即是東北的樹雞，被清代康熙、乾隆兩位皇帝稱作飛龍的山珍美味。至於蘑菇、木耳、蟫蝗魚那更是道地的東北貨。知時節、吃食宜，遇到各種時令節日，宮廷也與民間一樣享受節令風俗，享受節令食品。這些在《膳底檔》中都有明確的記載。

薦新反映出人們對祖先的崇敬，對大自然的感恩，也演繹出許多吃的禮儀、吃的文化，對我們的生活產生深遠影響。

我也希望透過《故宮宴》這本書能讓大家更客觀、多角度瞭解清代宮廷飲食的文化，由飲食文化看眞實的歷史。

苑洪琪

## 柒月　薦新食材／梨　蓮子　菱　藕　榛仁　野雞



## 捌月　薦新食材／山藥　栗實　野鴨

## 玖月 薦新食材／柿 雁



## 拾月 薦新食材／松仁 軟棗 蘑菇 木耳

# 拾壹月　薦新食材／銀魚　鹿肉



# 拾貳月　薦新食材／蓼芽　綠豆芽　兔　蟫蝗魚

正月

# 故宫宴

## 開篇：新春宗親宴

清代宮廷的元旦（農曆大年初一）筵宴中，最具規模的是乾隆四十八年正月初十的「宗親宴」。爲了表示皇恩浩蕩，籠絡、凝聚皇族人心，乾隆帝特諭，凡清太祖高皇帝努爾哈赤以下十代宗室子孫，齊集乾清宮赴宴。宗室王公中沒有頂戴的，賜頂戴；五品以下及閒散人員，一律賜四品官職。

在這次筵宴的前一個月，乾隆帝就下旨確定筵宴的日期，筵宴程式、肴饌品種、桌張安置、賞賜物品、赴宴者所穿服飾等，一一得到乾隆明確的准奏。臨近筵宴日期，乾隆帝又於正月初三、初六、初九先後三次發下諭旨，具體敲定了有關筵宴的各種事宜。

正月初十這天，紫禁城內乾清宮裝飾一新，乾清宮外東西廊下，設擺「中和韶樂」樂器，乾清宮東部月臺陳列笳吹、雜技、百戲等表演舞隊。乾清宮丹陛正中支張著黃色的幕布，幕前的坫案上設銅鍍金的大酒瓶、酒罐、酒提等大宴用品。乾清宮前甬路下東西各置放一張桌案，上擺放賞賜之物。乾清宮就近搭設藍色涼棚十個，備放席宴物品與餑餑。乾清宮正中地坪台，擺皇帝金龍大宴桌，桌上餐具爲金盤、金碗，由裡向外擺八路膳食：頭路正中擺四座松棚果罩（內放青蘋果），兩邊各擺一只花瓶（內插鮮花）；二路擺高足碗九只（盛蜜餞食品）；三路擺折腰碗九只（盛滿洲餑餑，即點心）；四路擺紅雕漆果盒二副（內有果盅十件）；五路至八路擺冷膳、熱膳、群膳共四十品，主要是關東鵝、野豬肉、鹿肉、羊肉、魚、野雞等製成的菜餚。皇帝大宴桌靠近座位處正中擺金勺、金鑲象牙筷和金布碟等進食餐具。餐具左邊擺奶餅、奶皮及擀濕點心；右邊擺醬小菜、水蘿菜、芥菜纓兒、清醬等佐餐調料。

地坪下東西向擺二十四桌，爲親王以下、輔國將軍以上四十八人（每桌爲二人）宴席。乾清宮殿外兩廊下擺席四十八桌，爲近支章京、侍衛官員等九十六人席。有品級的宗室侍衛官員、近派閒散宗室宴席在乾清宮丹墀左右東西向，設二百五十四席。遠支閒散宗室席在甬路（月臺）東西兩側面向乾清宮方向設二百零四席。乾清宮內外共設五百三十席。所有赴宴者一律要穿蟒袍補褂。

辰正二刻（早上八點半），乾隆帝乘暖轎從養心殿到乾清宮，乾清宮內外的與宴者均在殿外正門兩旁按輩分等級序立恭候。乾隆帝在悠揚的「中和韶樂」聲中走上寶座坐定，筵宴正式開始。先是兩位御前大臣引導衆王公、貝勒、貝子、宗室等，依次進至月臺正中，在贊禮官的唱導下，向乾隆帝行三跪九叩禮。隨後，御前大臣引著王公宗室們到自己的座位旁，行一叩禮後入座。此時，「中和韶樂」又始，御茶膳房侍衛進乾隆帝奶茶，衆王公出座跪視皇帝飲奶茶。皇帝飲奶茶畢，再進各王公宗室們的奶茶，次進其他赴宴者的奶茶。赴宴者在恭受奶茶前，還要離座，跪行一叩禮，然後用奶茶。皇帝飲奶茶用白玉嵌紅寶石的奶茶碗。殿內、殿外廊下王公亦用玉奶茶碗，月臺上和丹陛甬道上的與宴者用瓷質奶茶碗。玉奶茶碗要收回，瓷奶茶碗則賞給與宴者。賜茶完畢，進餑餑桌。首領太監撤乾隆帝大宴桌的冷、熱膳，再抬餑餑桌於金龍大宴桌上。餑餑桌上擺米麵爐食餑餑十五品，均用五寸黃盤盛裝，之後送乾清宮內外王公等人餑餑桌。

樂聲再起，御膳房首領太監執金酒壺，睿親王雙手捧金酒杯至寶座前，跪進乾隆帝御爵，衆王公宗室離座，面北（皇帝座）跪視皇帝飲酒，行一叩禮。睿親王歸原位旁，跪受賜酒一杯，衆王公宗室們亦皆立。賜酒畢，睿親王歸座，衆王公宗室們亦隨坐。乾隆帝接過御爵酒飲後，筵宴侍者進赴宴者每人一杯酒，赴宴者接酒爵前，皆行一叩禮；酒飲後，酒杯賜給飲者。賜酒畢，賜肴饌。

筵宴間，南府藝人演戲，至戲演畢，筵宴禮儀即告結束。這時，由總管太監和御茶膳房的首領太監先撤下乾隆帝用過的米麵爐食乳製品等，再撤粳米桌子。乾隆帝要將他用過的米麵爐食乳製品等，親自賞給殿內赴宴的王公宗室們。與宴的王公宗室們立於本桌旁，向乾隆帝行一跪三叩禮。「中和韶樂」再起，乾隆帝回宮，衆人跪送皇帝離席回宮。樂止，管宴阿哥、御前大臣、御前額駙等，向所有赴宴者分發賞物，衆王公宗室們及所有赴宴者跪而接之。最後，宗人府堂官引著衆王公宗室們以及所有赴宴者離開乾清宮，至宮外再行三叩禮離去。

明代《明史·志第二十七禮五》記載：
正月：韭、薺、生菜、雞子、鴨子。

清代《清史稿·禮志四》記載：
正月：鯉魚、青韭、鴨卵。

# 薦新食材

鯉魚

青韭

鴨卵

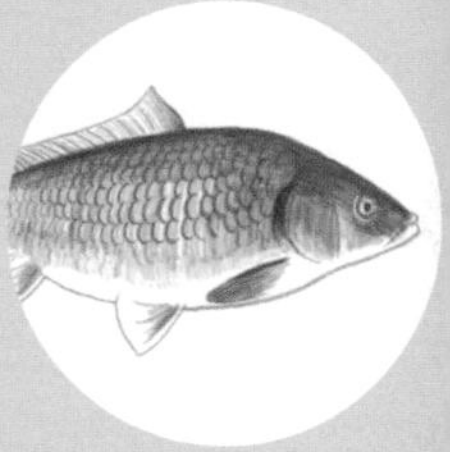

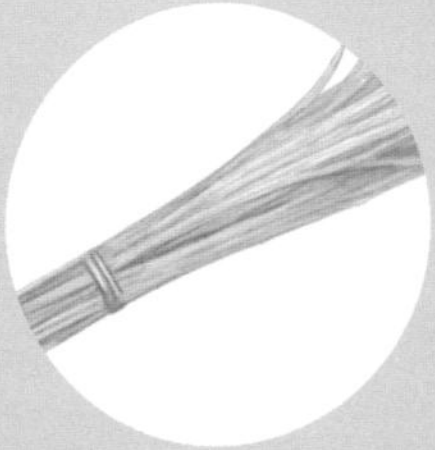

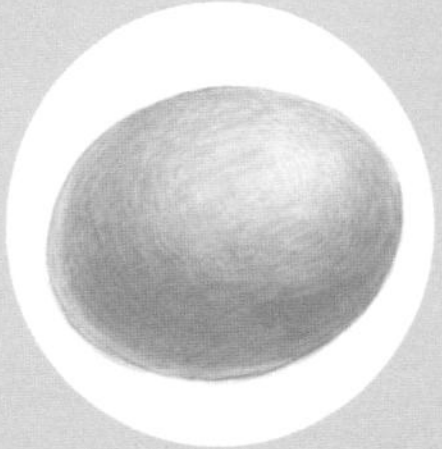

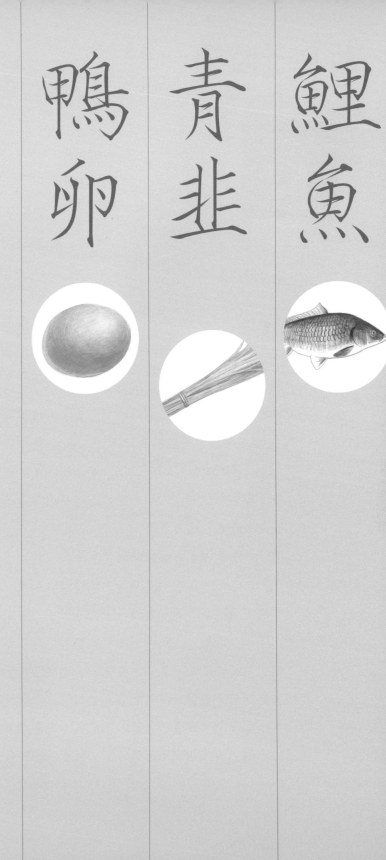

# 新年子時第一餐

自除夕交子時煮著吃，一連十幾天，天天吃餃子，以示吃隔年飯，年年有餘糧。

皇帝不僅要吃餃子，還將吃餃子看作是不忘祖宗和發祥地的禮儀活動。

清代宮廷中有一條不成文的規矩，除夕夜吃素餡餃子。

餃子形狀近似元寶，民間除夕夜闔家團聚共同守歲時都會包餃子。子時一到，餃子煮下鍋，熱氣騰騰的餃子爲大年夜增添了濃濃的歡愉氣氛。餃子取「歲更交子」之意。清代宮廷也很注重這一頓歲更餃子。辭舊迎新之際，皇帝不僅要吃餃子，還將吃餃子看作是不忘祖宗、不忘發祥地的禮儀活動。

清代皇室入關前生活在關外，冬季天氣寒冷，除夕時要包出許多餃子放在室外冷凍，然後儲存起來。自除夕交子時煮著吃，一連十幾天，天天吃餃子，以示吃隔年飯，年年有餘糧。入關後，關內的氣候不適宜吃凍餃子，但正月初一的餃子是一定要吃的，而皇帝吃的餃子必須是素餡的。相傳，當年清太祖努爾哈赤以十三副遺甲起兵，連年浴血奮戰，爲奪取統治權，殺傷過多，逝者無數。爲了表示對無辜者的懺悔，努爾哈赤在登上皇位的那年元旦（即春節），對天起誓，每年除夕包素餡

▲新年素餡餃子

餃子祭奠死者。從此，清代宮廷中就留下一條不成文的規矩，除夕夜吃素餡餃子。清代皇帝吃的素餡餃子，餡料以乾菜爲主，有長壽菜（馬齒莧）、金針菜、木耳，輔以蘑菇、筍絲、麵筋及豆腐干、雞蛋等。

清代前期和中期的幾位皇帝都嚴格遵循祖宗遺訓，在除夕夜辭舊迎新瞻拜禮儀之後，到乾清宮左側的昭仁殿東小屋吃煮餃子。當皇帝一行人登上乾清宮臺階時，御膳房開始煮餃子，皇帝到昭仁殿東小屋坐穩後，餃子恰好出鍋（清宮規制，自臘月底至正月間，皇帝每過一道門檻，隨侍太監就要放一掛鞭炮。所以御膳廚役根據鞭炮聲掌握煮餃子的時間，可以做到準確無誤）。

清代皇帝吃餃子時，用的是木胎描金漆的大吉寶案。寶案面四周繪有葫蘆萬代花紋，正中分別書有「一人有慶」、「萬國咸寧」、「甲子重新」、「吉祥如意」等吉語。吃餃子時用的四個琺瑯佐料盤，各裝醬小菜、南小菜、薑汁、醋，分別壓在四句吉祥語上。在靠近皇帝寶座的這面寶案邊，分左、右擺放象牙三鑲金筷、金叉、金勺、擦手布、渣斗（唾盂）。嘉慶四年元旦，嘉慶帝吃餃子時，用二只「三羊開泰」紋飾的琺瑯大碗，一只碗盛裝素餡餃子六個，另一只碗盛放「乾隆通寶」、「嘉慶通寶」各一件（嘉慶雖爲皇帝，但其父乾隆帝退位仍訓政，爲太上皇）。首領太監將二只琺瑯碗取出，放在大吉寶案的「吉」字上，然後請「萬歲爺進煮餃子」。這時，嘉慶帝才能獨自一人進素餡餃子。

# 皇帝也愛吃火鍋

新年伊始，滿桌大小參差的元寶火鍋以及鍋內盛著的豐肴佳饌，烘托出皇家過年的喜慶氣氛。

火鍋又稱暖鍋、熱鍋，是溫熟食、煮生食的「炊食合一」用具。

火鍋又稱暖鍋、熱鍋，是溫熟食、煮生食的「炊食合一」用具。清代宮廷的火鍋有其獨特的歷史傳統和飲食特色。清代皇室早期生活在今天的東北，東北的無霜期短（一年只有四個月不結冰），天氣寒冷，所以養成了吃熟食、用溫餐具的習慣。入關後，生活環境發生了變化，但冬季用溫餐具的習慣沒改。在記載皇帝飲食生活的膳單中，都有用熱鍋、暖鍋的記載。皇帝冬季筵宴，也多以暖鍋爲主。清代最負盛名的「千叟宴」，就是依不同身份、不同等級而設擺成銀、錫、銅三種材質的暖鍋宴。

暖鍋基本形式有兩種：一種是鍋中帶爐，爐內燒炭火，能把水燒開，生魚、肉、蔬菜放到沸水中可以煮熟；另一種是組合式的，由鍋、爐支架、爐圈、爐盤、酒精碗五部分組成。暖鍋可以同時上桌燒煮食物，也可單獨用鍋溫食品。清代宮廷使用的暖鍋材質精良，造型

清代的千叟宴就是依不同身份、不同等級而擺設成銀、錫、銅三種材質的暖鍋宴。

樣式繁多。材質有金銀鑲嵌的，有純銀的，有琺瑯的、錫的、銅的、陶瓷的等。造型多寓意吉祥、喜慶、榮華、富貴，有方勝形、梅花形、瓜果形、八角形等。有單一件使用的，也有成雙配對的，還有數十件、數百件式樣相同的。

▲清代光緒銀鍍金壽字火鍋

千叟宴在清代宮廷舉辦過四次，康熙帝、乾隆帝分別舉行二次。千叟宴是清帝康熙、乾隆等爲籠絡臣民而舉行的大型酒宴。千叟宴在歷史上起於清康熙，止於乾隆，都是皇帝老年時，感懷自己曠古未有的「孜孜圖治」，宴請那些對國家有功的老臣，每次至少都要兩、三千人。人們對這些已經耳熟能詳，不過千叟宴在什麼地方吃、怎麼吃，以及吃什麼，恐怕很多人就不清楚了。

千叟宴的排場和入宴程式很有講究。開宴之前，在外膳房總理大臣的指揮下，依照入宴耆老品位的高低，預先擺設宴席。除寶座前的御筵外，共擺宴桌八百張。宴桌分東西兩路相對排列，每路六排，每排二十二至一百桌不等。如乾隆六十年擺在寧壽宮、皇極殿的最後一次千叟宴，寶座前設乾隆帝和嘉慶帝御筵，外加黃幕帷罩。殿內左右爲內外王公一品大臣席，殿簷下左右爲二品大臣和外國使臣席，丹墀甬路上爲三品官員席，丹墀下左右爲四五品官員和蒙古台吉席。其餘低等人員，俱布席於寧壽宮門外兩旁。東西兩旁各席，設藍幕帷罩。

按照嚴格的封建等級制度，宴席分一等桌和次等桌兩級設擺，餐具和膳品也有明顯的區別。一等宴席擺設在殿內和廊下兩旁。王公和一二品大臣以及外國使臣在一等宴桌入宴。一等宴席每桌擺設火鍋二個、退羊肉片一個、鹿尾燒鹿肉一盤、退羊肉烏叉一盤、葷菜四碗、蒸食壽意一盤、爐食壽意一盤、螺螄盒小菜二個、烏木

▶年夜火鍋

抽秘無須更騁妍惟將實事紀
耆筵追恩侍陛髫垂日訝至當
軒手賜年君酢臣醻九重會
天恩國慶萬春延
祖孫兩舉千叟宴史策饒他莫
並肩　千叟宴恭依
皇祖元韻　乙巳新正御筆

箸二只。另外備肉絲燙飯。次等宴席擺設在丹墀以下。三至九品官員、蒙古台吉、頂戴、領催、民兵等在次等宴桌入席。次等宴席每桌擺設火鍋二個、豬肉片一個、退羊肉片一個、退羊肉一盤、烤麅肉一盤、蒸食壽意一盤、爐食壽意一盤、螺螄盒小菜二個、烏木箸二只，同樣備肉絲燙飯。

據清宮內務府《御茶膳房簿冊》記載，乾隆五十年的千叟宴，一等宴席和次等宴席共八百桌，連同御宴，共消耗主副食品如下：白麵七百五十斤十二兩、白糖三十六斤二兩、澄沙三十五兩、香油十斤二兩、雞蛋一百斤、甜醬十斤、白鹽五斤、綠豆粉三斤二兩、江米四斗二合、山藥二十五斤、核桃仁六斤十二兩、曬乾棗十二斤二兩、香草五兩、豬肉一千七百斤、菜鴨八百五十隻、菜雞八百五十隻，肘子一千七百個。

又據《清宮內務府奏銷檔》記載，千叟宴席每桌用玉泉酒八兩，八百席共用玉泉酒四百斤。爲舉辦一次千叟宴，內務府葷局和點心局還要燒柴三千八百四十八斤、炭四百一十二斤、煤三百斤。

乾隆五十年的千叟宴後，乾隆帝還對這些老叟們進行賞賜。賞賜物品有如意、壽杖、朝珠、貂皮、文玩，銀牌等。

# 元宵節吃「圓子」

到了清代，無論南方北方，吃元宵已經成為全國範圍的節令象徵。

元宵節這一天，清代宮廷御茶膳房要連夜製作，保證皇帝、皇太后、皇后、嬪妃等人都能吃上元宵。

正月十五是新的一年中第一個月圓之夜。古代把「夜」稱為「宵」，所以上元節又稱元宵節。

元宵節起源於漢代，而在這一天食用的湯圓、浮圓就稱爲元宵。唐代開元年間，元宵節食用的「麵繭」，可能是元宵的前身，到五代時已有吃湯圓的記載。宋代以後，湯圓被稱爲「圓子」、「糰子」，宋人作的《圓子》，描述了當時上元節令吃的「圓子」已是普遍的食品。元初文人陳世崇，用「麝圓䭔拍澄沙糰，餶飿糖霜乳橘盤」的詩來詠當時的圓形麵食。元人韓奕《易牙遺意》卷下記載了若干種圓形麵食的製作方法，其中一種製法是：「沙糖三斤半、白麵二斤、胡桃仁十兩。先用糖一斤半、水半盏和麵炒熟，次用糖二斤、水一盏溶开，入前麵在內再炒。候糖與麵做的丸子，拌候糖與麵做的丸子，拌胡桃肉，搜勻作劑切片。」元代以後，圓子的花色品種逐漸增多，人們智思巧創，施展多種烹製手法製作團圓食品。

明代時，元宵已有南北不同的名稱。據《明宮史·

▶奶子元宵

▲《弘曆雪景行樂圖》局部

火集》記載：「吃元宵，其製法用糯米細麵，內用核桃仁、白糖、玫瑰爲餡，灑水滾成，如核桃大，卽江南所謂湯圓也。」

到了清代，無論南方北方，吃元宵已經成爲全國範圍的節令標誌。清代乾隆帝詩云：「美擅團圓節，名傳燈月筵。清風同說餅，嘉夜煮浮圓。」月亮和「圓子」在這一天同圓，取天上人間「團團圓圓」之意。《養吉齋叢錄》卷二四記載：「浮圓子以元宵節食之，遂名元宵。宮中亦以此爲節宮中亦以此爲節物。」

正月十五全年中第一個月圓夜，一元複始、大地回春，被視爲年頭佳兆。世人歡聚，離開先世應得到懷念。藉節祭祖，思舊感恩，擺上供品，在先祖面前默默地祈禱一番，然後闔家團聚，吃元宵以象徵闔家團圓幸福。

宮廷元宵節祭祖比民間更顯排場，供品以元宵爲主，還要備三牲（豬、雞、魚或鴨）、酒、茶、甘鮮果。《御茶膳房》檔案記載，乾隆年間元宵節祭祖供在午時前，御膳房煮好元宵後皇帝親自在紫禁城的神佛殿、奉先殿、太廟等處神祖前上供元宵，焚香磕頭，祈福保佑。正月十五用元宵祭祖雖然不在薦新之列，但元宵節與傳統的元旦（卽春節）首尾相連，元宵節之後年節的活動才算完結，生活始複常態，因此它既是春節的延續，也是傳統年節活動的尾聲，整個年節活動到元宵節達到高潮。

元宵節這一天，清代宮廷御茶膳房要連夜用牛奶和麵製作奶子元宵，保證皇帝、皇后、皇太后、妃嬪等人都能吃得上。

乾隆年間，每逢元宵節，乾隆帝都要陪伴母親崇慶皇太后到圓明園的山高水長殿過節。殿內設桌擺元宵與果盒，到了夜晚，皇帝與皇太后觀燈、吃元宵，親王、皇子、皇孫隨侍左右，其樂融融，盡享天倫之樂。慈禧與光緒帝同是母子，同是皇太后與皇帝，卻與乾隆帝母子形成極大的反差。據《清史軼聞》載：「有一年元宵節的早晨，光緒帝吃完元宵，前往慈禧太后面前請福安，慈禧正在吃元宵，隨即賜光緒元宵。宮中規矩，如果賜膳不吃是不敬。光緒帝雖已吃飽卻懼怕慈禧，只得強吃。最後實在吃不下了，就悄悄把幾枚元宵藏於袍袖內告退。元宵又黏又燙，弄得光緒帝狼狽至極。這也成爲清代宮廷元宵節的一段軼事。」

元宵節還是個富有詩情畫意的節日。節日當天清帝后都要到圓明園舉行各種慶祝活動，觀鰲山燈、觀花炮，同樂園唱聯台戲等。乾隆時期，在元宵節期間筵宴群臣、賦詩聯句，邊飲酒、邊作詩是乾隆帝的一大樂事。賦詩的花樣很多，有疊舊韻的、有填詞的，更多的是皇帝和衆臣作聯句詩，即皇帝先作一詩，餘人以皇帝詩的末句爲首句接著往下作，按座位順序依次賦詩的大臣才思敏捷，必須經得起即情賦詩的考驗，不然是沒有資格與皇帝共同聯句的。

# 鑿冰取「金鯉」

作為清代皇室貢品的採捕機構，四季魚貢是打牲烏拉衙門的首要任務。

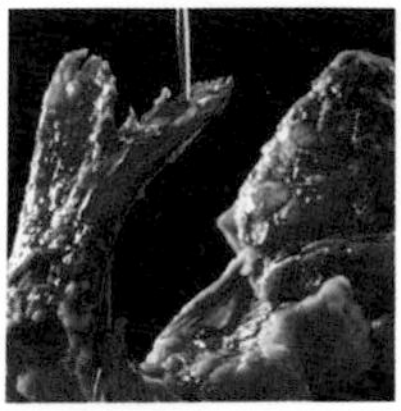

清代太廟正月薦新的鯉魚即貢品之一。

清代順治皇帝定都北京後不久，就封禁現在吉林市北部方圓五百里的烏拉街，尊爲「本朝發祥之聖地」，並在烏拉城設立了打牲烏拉衙門，作爲「不受他處節制」，「專爲採捕本朝各壇、廟、陵寢四時祭品而設」的貢品基地，與蘇州、南京和杭州一樣，向皇宮供奉所需的物品。每年有月貢、歲貢、皇帝生日的萬歲貢等；貢品有東珠、人參、鰉魚、鱸魚、雜色魚、山韭菜、稗子米、鈴鐺米、松子、白蜜、蜜餞等，品種在百種以上。清代太廟正月薦新的鯉魚即貢品之一。作爲清代皇室貢品的採捕機構，四季魚貢是打牲烏拉衙門的首要任務。東北冬長夏短，「冬捕」即「鑿冰取魚」，通常漁丁要勞作整個冬天，十分辛苦。

「鑿冰取魚」需要捕撈技能全面的魚把式，他們先勘查選準魚群所在的水域，用鐵鉤子在冰上畫出鑿冰眼的位置，並且每打一個冰眼就量一下水深。下網時，用一根長木杆拴網繩，從入網口冰眼依次穿到每一個冰眼。用於鑿冰捕魚的網，由幾片甚至十幾片大網拼接而成。這就需要衆人合作來「圍網」，大家同時把勞動耙探進冰眼裡攪水，驅魚入網。攪出來的充沛氧氣就會使河裡的魚都撲奔過來，達到「驅而捕之」的目的。這種捕魚法，早在契丹時期就已在現在的東北地區廣泛使用。冬天鑿冰眼下網，比夏季在水面打魚困難得多，但捕到的魚也大得多，且品種豐富，有白魚、鯉魚、鰉魚、鯿花、鯽魚、鯰魚、鱖�等。鰉魚和鯉魚都很大，據載，「鑿冰取魚」冬捕費工費力，捕到的魚價格昂貴，清代方式濟在《龍沙紀略》中曾記載：「諾尼江，五月魚車塞路；江凍，鑿冰取之，價十倍。江凍，鑿冰取之，價十倍。」然而地方官員爲討好皇帝，冬捕魚統統上繳「皇貢」。

素有「金鯉」之稱的鏡泊鯉魚是東北地區名優特產。鏡泊湖位處原始森林覆蓋的群山之中，素以水清魚肥而馳名古今。湖中所產鯉魚金翅金鱗，體肥大而味鮮美。每條魚小則五斤，大則十斤、五十斤，最大的鯉魚竟有九十多斤重。運送貢魚進京，需用潔淨的涼開水沖洗魚體，再培上雪或澆上水，使之結冰，然後再運到北京。冬捕鯉魚運到京城後，呈交總管內務府驗收。每次還要選出樣魚，恭請皇帝御覽，並留作大年初一祭太廟薦新之用。薦新之後，皇宮新年的大宴中，鯉魚才能擺在皇帝的金龍大宴桌上。

餑餑桌有頭品和中品之分。

清代后妃喜食甜食，具體表現為主食和零食都愛吃甜的。

# 哪裡都不能少的餑餑

◀如意捲

餑餑是清代宮廷飲食中最富民族特色的食品。

清宮餑餑用料精細、製作講究，在外形裝飾上更是花樣繁多、寓意吉祥。滿族傳統的餑餑就是沙琪瑪了，以冰糖、奶油和麵，製成形如糯米粒似的小顆粒，用木灰木爐烤熟，外裹蜂蜜切成方塊的甜餑餑，深受清代宮廷歡迎。

餑餑的主料麵粉，原來只用東北所產的小麥，到清乾隆時期，宮中麵類食品則依賴於黃河流域產麥區貢進，如河南的貢麥、陝西寶雞的玉石麥、山西潞城麵粉。上述地區土地肥沃，物產豐富，種植小麥有著悠久的歷史。再有餑餑餡心，更是用料廣泛，有糖餡、澄沙餡、椒鹽餡、果料餡、甜醬餡、棗泥餡。其中果料餡由蜜南棗、蜜瓜條、蜜山楂、蜜桂花、桃脯、蘋果、桂圓、橘餅、青梅、花生仁、松子仁、榛子仁等到十多種南北特產配製而成。更重要的是清宮使用的廚役突破了地域和民族的局限性，烹調與製作技術不斷出新，變換花樣。如乾隆年間曾招蘇州、杭州的江南廚役進宮，宮中飲食也由此吸收了江南的飲食特色。

餑餑是皇帝和后妃日常飲食或宮廷筵宴中的主要食品。各種餑餑有鹹的、甜的，以甜的居多。清初，孝莊皇太后早膳時就有螺絲餅、紅糕、盆糕、澄沙餑餑、豌豆餑餑、蜜麻花、爐食等七種。早晚膳之間還有克食，也是各種甜餑餑等小食品及甜粥、甜醬等。皇后、妃嬪過生日，皇帝要賞餑餑桌；公主下嫁，皇帝以六十張餑餑桌做聘禮；就連王公福晉生孩子、洗三（爲新生兒出生第三天的沐浴），皇宮也要送甜食餑餑表示祝賀。

餑餑桌是放餑餑的油漆矮桌，長方形，上面擺放各式餑餑十五品。每品餑餑的數量，根據筵宴等級來定。筵宴前一日，內外餑餑房將餑餑放入盤碟中，分擺在餑餑桌上。經光祿寺（負責宮廷事的機構）派來的堂官檢驗查看合格後，在餑餑上蓋一紅色包袱布，抬到餑餑棚內。夜晚由廚役輪流看管，第二天開宴前再抬到現場以備宴用。餑餑桌有頭品、中品之分。頭品餑餑桌用麵額定三十五斤，製成炸、爐、烤、蒸等不同熟製、不同口味的餑餑，用於妃嬪等級生日、晉封時賞賜。中品餑餑桌用麵額定二十五斤，製法與頭品相同，只是數量少，用於皇子、親王生日時賞賜。另外，妃嬪遇喜生育、皇子娶妻、公主下嫁也都用餑餑桌作爲慶賀禮品。尤其是宮中節日、祭日，禮佛、敬神、祭祖上供用的供品，更是需用大量的餑餑。

◀枣片豌豆黄

▲沙琪瑪

# 奶茶爲「國俗」

奶茶為蒙古高原遊牧民族的日常飲品，至今最少已有千年歷史。

清代皇帝將奶茶視爲「國俗」。

◀奶茶

清代宮廷筵席所用奶茶的熬製由光祿寺承辦。

清代宮廷奶茶是指用適量的牛奶、牛油、鹽、玉泉山水與浙江產優質黃茶熬煮成的特殊茶品，茶色如咖啡，散發出陣陣奶香。

奶茶入口香醇、營養豐富，可解油膩、去腥膻，除了解渴外，還能補充人體的主要營養；尤其是在寒冷的冬季飲用，能驅寒暖肚。自元代開始，飲奶茶的習慣就遍及全國各地。滿蒙兩個民族習慣相近，清代的帝后妃嬪、王公貴族也都喜食奶茶。依據《龍江三紀》記載：「滿洲有大宴會……每宴客，客坐南炕，主人先送煙、次獻乳茶，名曰奶子茶。」清代皇室入關後，受漢族飲食文化影響，在生活習慣上有了很大改變，但清代宮廷仍以飲奶茶爲嗜好，保留著本民族舊有的習慣。清代皇帝，將奶茶視爲「國俗」，清代乾隆帝曾作詩注云：「國家典禮，御殿則賜茶（奶茶）。乳作汁，所以使用使人肥澤也。」宮廷筵宴中凡有進茶、賜茶的儀式，都將賜奶茶作爲隆重的禮儀制度，綏懷蒙藏等民族，體現清代宮廷對少數民族的優渥和禮遇。乾隆二十五年正月初九、初十兩日，西藏安集延額爾德尼伯克、拔達山汗素爾坦沙等遣陪臣輸誠入覲，乾隆帝在乾清宮賜奶茶招待。

清代宮廷筵宴所用奶茶的熬製由光祿寺承辦。筵宴前一日，光祿寺派人親臨熬茶所，監督熬製。奶茶的原料是茶和牛奶或羊奶，做法是：先將磚茶搗碎，放入銅壺或水鍋中煮，茶燒開後，加入牛奶、鹽，待茶湯煮沸時不斷用勺揚茶，直到茶乳充分交融，再除去茶葉即成奶茶。將熬成的奶茶盛裝在銀茶桶內備用。筵宴時，再分裝在銀質龍首奶茶壺中。

宮廷筵宴飲用奶茶還要用專門的奶茶碗，乾隆帝用的是白玉描金鑲嵌紅寶石的奶茶碗，賞賜王公大臣奶茶用的是大口、墩狀、碗裡鑲銀的樺木碗。

依據《養吉齋叢錄》記載清宮「舊俗最尚奶茶。每日供御用乳牛及各主位應用乳牛，皆有定數」。清代帝后、妃嬪們每日膳食份例有一定數量的牛奶，供帝后們享用奶茶。皇帝每日例用乳牛五十頭，每頭牛每天交乳二斤，共交乳一百斤、玉泉水十二罐、乳油一斤、茶葉七十五包，每包二兩。皇后例用乳牛二十五頭，共得乳五十斤、玉泉水十二罐，茶葉十包。茶房備貴妃每位乳八斤，妃每位乳四斤，貴人以下隨本宮主位份例。妃嬪等位日用茶葉均爲五包。皇子、福晉每位例用乳十六斤及茶葉八包。除了乳和茶的份額外，還有熬奶茶器皿的配置。《國朝宮史．經費．鋪宮》就明確記載了皇太后可享用金茶甌蓋一個、銀茶甌蓋十個、銀茶壺三個、錫茶碗蓋五個、錫茶壺三十四個；皇后及妃嬪等不同等級依次遞減，由此可見宮中飲用奶茶十分普遍。

貳月

# 故宮宴

## 開篇：參加國宴是份「苦差事」

在清代，較重要的宴饗就是元旦（卽春節）、冬至、萬壽三大節的太和殿宴會。

出席國宴，實爲辛苦。清廷三大節中的元旦（卽春節）、冬至都處在寒冷季節，穿戴厚重朝服，聽口令站起、叩頭、坐下，反覆多次，其實很勞累。若是坐在殿外，不但寒氣逼人，無法觀看殿內舞蹈雜戲，還要隨班行禮。

萬壽節是皇帝的生日。康熙帝生於順治十一年三月十八日，乾隆帝生於康熙五十年八月十三日。兩帝萬壽分別在春秋季，官員出席壽宴的季節還算清爽。光緒帝的生日是六月，正是夏天。光緒二十年六月二十六日在太和殿舉行萬壽宴會，時任吏部郎中的何剛德參加了萬壽宴會，他所著《春明夢錄》說：「宴列於丹陛，接連及殿下東西。兩人一筵，席地而坐。筵用幾，幾上數層餑餑，加以果品一層；上加整羊腿一盤。有乳茶有酒。贊禮者在殿陛上，贊跪則皆起而跪，跪畢仍坐。……宴惟水果可食，餑餑及餘果，可取交從者帶回。赤日行天，朝衣冠，盤膝坐，……汗流浹背；然卻許從者在背後揮扇。歷時兩點鐘之久，行禮作樂，唱喜起，舞歌備極整肅。」

惲毓鼎《澄齋日記》光緒二十三年十月初八日記，記錄了他出席慈禧壽筵的情況：「雨稍止。卯正二刻頤和園仁壽殿筵宴。入座皆朝服。毓鼎改與庶子慶頤同桌。光祿寺斟酒一巡，內務府斟奶茶一巡，均系銀碗。計：羊腿四隻，一大盤（國語名色食牡丹）；蘋果四盤，葡萄四盤，荔枝、桂圓、黑棗、核桃仁各一盤；五色糖子四盤；五色餑餑二十

盤，牛毛饊子三盤（每盤十六件，虛架起）。謝宴，謝盤賞，行一跪三叩禮……。辰初宴畢，以口袋攜各品果餌而歸（唯蘋果、葡萄尚可吃，餘則或生或蛀）。」其中所說的「國語名色食牡丹」，國語系指滿語，「色食牡丹」，牡丹亦作穆丹，乃糖蓉糕之類的點心。宴品的「或生或蛀」，是晚清政治腐敗、官員惰政的絕好例證。儘管慈禧慶壽，籌備充分，投資預算不菲，但是光祿寺、內務府等衙門皆是敷衍了事，以次充好，乘機中飽私囊。從宴會的細節也能看出朝堂之事。

◀《萬樹園賜宴圖》

# 鱖魚

明代《明史・志第二十七禮五》記載：

貳月：水芹、蔞蒿、薹菜、子鵝。

清代《清史稿・禮志四》記載：

貳月：萵苣、菠菜、小蔥、芹菜、鱖魚。

薦新食材

萵苣

菠菜

小蔥

芹菜

# 鸚鵡菜

菠菜又名波斯菜、赤根菜、鸚鵡菜。菠菜顏色翠綠，根紫紅，就如巧舌鸚鵡，「紅嘴綠鸚哥」這個名字再合適不過了。

**乾隆帝六次南巡，每次都有許多與「吃」相關的傳說。**

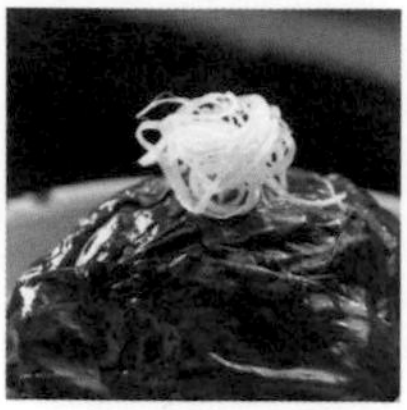

藥食同源是中醫藥的傳統。

乾隆帝六次南巡，每次都有許多與「吃」相關的傳說。其中，有個吃菠菜的故事流傳甚廣。

陽春三月，乾隆帝一行兩千多人下江南巡視，沿途時有坊間微服私訪。有一次乾隆帝微服私訪走累了，饑渴難耐之際，看到一間農家茅屋。他直接走進去，問主人「有吃的嗎」，他要吃飯。農家主婦立即起身，從自家的菜園裡挖了些菠菜。又從廚房裡拿出塊豆腐，做了個菠菜熬豆腐。乾隆帝食後頗覺鮮美，極是讚賞。乾隆帝問這道菜叫什麼，農婦說：「金鑲白玉板，紅嘴綠鸚哥。」乾隆帝聽後大喜，封農婦為皇姑，從此菠菜多了個別名叫「鸚鵡菜」。

菠菜又名波斯菜、赤根菜、鸚鵡菜。菠菜顏色翠綠，根紫紅，就如巧舌鸚鵡，「紅嘴綠鸚哥」這個名字再合適不過了。菠菜原產自亞洲西部的波斯（今伊朗）後經北非傳到西班牙等國。依據《唐會要》記載：「尼

▶蝦米炒菠菜

波羅（也作泥婆羅，現在尼泊爾、印度一帶）進貢菠菜（當時稱其爲波棱菜）給唐太宗，說其根爲紅色，做熟後味道不錯。」

菠菜一年四季皆可種植，生命力頑強。宋人蘇軾曾在《春菜》中讚美菠菜在寒冬之日依然不凋，「北方苦寒今未已，雪底波棱如鐵甲」。北方地寒，冬月無蔬菜，在冬天霜雪交加的苦寒之際，雪底下的菠菜卻長得好好的，像鐵甲一般。

嚴冬過後，春季的菠菜味道最佳、口感最好。乾隆三十年，乾隆帝第四次南巡，正月十六日出發，四月二十五日返京（其中二月爲閏月），在外的一百二十六天中，皇帝御膳曾多次食用菠菜，如豬肉菠菜餡水食（餃子）、菠菜豬肉蝦米餡燒賣、蝦米炒菠菜、菠菜金銀豆腐湯、拌芥末菠菜、曲麻菜梨絲拌菠菜等。

皇帝用膳講究時令，春天氣候乾燥，菠菜口感鮮嫩，且有清火、潤腸、潤燥之功效。中醫認爲，菠菜性甘、涼，能養血止血、斂陰潤燥、利五臟、通血脈、下氣調中、止渴潤腸。《本草綱目》記載其「通血脈、開胸膈、下氣調中、止渴潤燥」；《食療本草》認爲菠菜「利五臟、通腸胃熱、解酒毒」。雖然當時沒有明確的養生理論，但藥食同源是中醫藥的傳統。

# 豆腐御廚

豆腐渣搭配應季芹菜製成的芹菜汁，頗受清代皇帝喜愛。

大約到了唐宋以後，豆腐這個名字就被人們廣泛接受了。

豆腐作爲素食的經典，可與各種葷素原料配合，二月的豆腐渣搭配薦新食材芹菜製成的芹菜汁美味十足。這道菜頗受清代皇帝喜愛。除了芹菜，豆腐也是皇家常食之物。

古人用水研磨的方法把一顆大豆中的蛋白質提取出來，然後加入天然的石膏或鹽滷，製成鮮嫩可口、營養豐富的豆腐。古時豆腐名稱很多，有「菽乳」、「黎祁」等。五代十國時的陶谷曾在《清異錄》中寫道：「日市豆腐數個，邑人呼豆腐爲小宰羊。」大約到了唐宋以後，豆腐這個名字就被人們廣泛接受了。

豆腐造價低廉，製作簡單，對人體健康有益，文獻中也有記述：豆腐甘溫無毒。服食大豆，令人長肌膚、益顏色、增骨髓、加氣力、補虛損……因此，不僅普通民衆以此爲食，皇帝和達官顯貴們也經常食用豆腐。明代開國皇帝朱元璋爲勉勵群臣廉潔奉公，制定「勸廉

宴」制度。此宴主菜爲三菜一湯一蘿蔔、韭菜、青菜和豆腐湯，取清白爲官、乾淨做事的寓意。清代江寧巡撫湯斌，爲官清廉，安於清貧，一日三餐，均以豆腐湯佐食，故獲「三湯巡撫」的美譽。

清代豆腐製作工藝發展迅速，豆腐製品種類繁多。依據清人汪日楨所記，當時的豆腐品種有乾豆腐、水豆腐、盆豆腐、豆腐花（腦）、豆腐渣、千張（百葉）、白豆腐干、五香豆腐干、元寶豆腐干、蒸干、臭豆腐干、油豆腐、半燉豆腐、熏豆腐、豆腐衣（腐皮，腐竹）、豆腐皮、雪花菜、腐乳、醬腐乳、糟腐乳、白腐乳，臭腐乳等數十種之多。

清代宮廷爲滿足皇帝吃豆腐的需求，御膳房設專門做豆腐的御廚，皇帝外出巡行，豆腐御廚也隨行前往。皇帝的御膳中幾乎每餐都有豆腐或豆製品。如乾隆四十四年在承德避暑山莊的《駕行熱河哨鹿節次膳底檔》中就能看到，乾隆帝餐餐都有豆腐菜餚，而且每次不重樣。如羊肉燉豆腐、鴨丁豆腐、肥雞燴徽州豆腐、雞湯豆腐、滷油燉豆腐、鍋塌豆腐、廂子豆腐、菠菜拌豆腐、豆豉豆腐、什錦豆腐、燴三鮮豆腐、紅白豆腐、燴雲片豆腐、肥雞燉金線豆腐等。甚至有時看到御膳中沒有豆腐，乾隆帝還會傳旨添加豆腐或豆製品做的豆片湯、炒豆芽菜等菜餚。

◀小蔥炒豆腐渣（配芹菜）

◀肥雞燉金線豆腐

◀肥雞燴徽州豆腐

# 桃花流水鱖魚肥

乾隆帝命御膳房將松鼠魚的「鯉魚」食材改為「鱖魚」，從此「松鼠鱖魚」名揚天下。

有人將鱖魚比喻成天上的龍肉，喻其稀少名貴。

鱖魚是二月太廟薦新的食材之一。

鱖魚，又名桂魚。自古就被列爲名貴魚類，是中國特產的一種淡水魚，唐代詩人張志和曾詩曰：「西塞山前白鷺飛，桃花流水鱖魚肥。」詩人描繪了江南水鄉最美好的春季——桃花開，江水猛漲，魚正肥時。鱖魚身長扁圓，尖頭，大嘴，大眼，體青果綠色，其肉質細嫩豐滿，肥厚鮮美，爲魚中上品，有著「席上有鱖魚，熊掌也可捨」的美譽。

其實，鱖魚中最味美的，要數松花江鱖魚了。鱖魚是中國四大淡水名魚之一，同時也是松花江名產的「三花」——「鼇花」、「鯿花」（長春鯿）、「季花」（季花勾），三花之首的「鼇花」就是鱖魚。鱖魚雖然產量不多，但分佈甚廣，各河流湖泊水域中都有出產鱖魚。其中吉林松花江產的鼇花魚最佳，在春季冰封的松花江開江的時候才有。開江前，江水的水量下降，但江面還是封著的，捕撈非常困難。有人將其比喻成天上的龍肉，說明鱖魚的風味不凡，這也是造成鱖魚稀少名貴的原因。

明代醫學家李時珍將鱖魚稱爲「水豚」，意指其魚肉質細嫩，肉呈瓣狀，味道鮮美如河豚。據說，乾隆帝南巡江南時，在蘇州松鶴樓品嘗了「松鼠魚」。但是，當時蘇州松鶴樓的松鼠魚是用鯉魚做的。這位吃慣了貢品「鱖魚」的乾隆帝，命御膳房將松鼠魚的「鯉魚」食材改用肉多、肥厚、鮮美，寓意蟾宮折桂的「鱖魚」烹製，「松鼠鱖魚」隨之名揚天下。

鱖魚肉質細嫩豐滿，肥厚鮮美。有「席上有鱖魚，熊掌也可捨」的說法。

◀松鼠鱖魚

# 廂子豆腐

這道菜在乾隆帝一百二十六天的南巡膳單中出現了二十八次。

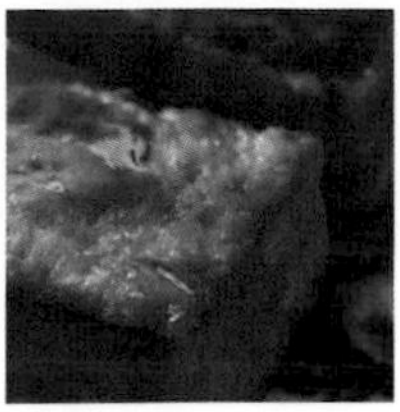

清代宮廷御膳是五味調和的模範。

乾隆三十年正月十六，乾隆帝從北京啟程，開始了第四次南巡。至乾隆帝四月二十五日返京，總計一百二十六天，在這些天中乾隆帝的御膳中有一品「廂子豆腐」出現了二十八次。據《御茶膳房‧江南節次照常膳底檔》記載，此次南巡行進的路線與前幾次大致相仿：德州、蘇州、揚州、杭州、海寧等地。正月十六從北京出發，十九日就行至山東德州，御膳房精心安排乾隆帝飲食常膳，地方官也出去迎接，準備了大量的美食供御膳房取用。在這天的膳單中早膳就有「廂子豆腐」一品。隨後到天寧寺、棲霞寺、錦春園、靈岩寺、獅子林等地時，行宮中都有「廂子豆腐」這品菜餚。

乾隆帝爲何對這道菜餚如此青睞？何爲「廂子豆腐」呢？

這是一品以豆腐爲主料的山東名菜，其做法是：先將豆腐切排骨塊入油鍋炸，炸後在豆腐的上端切一口，

挖出豆腐瓤，像是一個一個小箱子似的，在裡面塡入以豬肉、蝦米爲主要食材的餡料，再選擇木耳、青菜心、玉蘭片、蘑菇、筍丁等蔬菜，全部切碎與豬肉、蝦米混合成餡，再塞進切成排骨塊的豆腐中。接下來製作燒汁，第一次的燒汁用來蒸豆腐，等蒸好之後即可裝盤；第二次燒汁澆在豆腐上。廂子豆腐口味鮮美，營養豐富。豆腐做出來之後，長方形呈盒狀，形似古代婦女梳妝用的鏡廂，彷佛裡面裝了很多寶貝，故稱「廂子豆腐」。

現代飲食科學分析，豆腐本身營養價值高，又與多種餡料調和，葷素搭配，符合五味調和的規律。淸代宮廷御膳是五味調和的模範，皇帝的一膳有冷與熱（小菜、熱菜）、葷與素、鮮與甘（甘鮮果品），一同出現在膳桌上，既有營養的「融合」，也體現了御膳味覺的「和諧」。

# 節儉的道光帝

清代宮廷中有規定，皇帝的日常膳食是四十八品。

**道光帝即位之初，便下令減各省方物例貢。**

道光帝覺得每日供應一顆西瓜浪費，就改為每日供應半顆西瓜。

道光帝是清代第八位皇帝。他在位時，正是清王朝走下坡的時期，吏治敗壞、軍備廢弛、鴉片大量輸入、白銀大量外流。清代宮廷內財政支絀，道光帝不得不節衣縮食，維持皇室的日常生活。他曾說：「要在爲人上者，知稼穡之艱難，力崇節儉，返本還淳。」「省一分，天下陰受一分之福，於吏治民生，不無小補也。」

道光帝卽位之初，就下令停止福建荔枝貢、揚州玉貢，隨後命減各省方物例貢。以後，貢品中的陝甘口外梨貢、兩淮鹽政進貢的煙盒花爆等亦相繼停辦。熱河避暑、木蘭秋獮等活動，也因耗費過大、擾及地方而很少舉行。

夏天，清代宮廷帝后每日都要吃西瓜解暑。按例皇帝每日供應三顆西瓜，可是道光帝只讓御膳房每日供給他一顆西瓜，後來道光帝覺得每日吃一顆西瓜也浪費，就改爲每日「供半顆西瓜」。但是夏季天熱，剩下的半

▶芙蓉雞蛋

個西瓜沒有皇帝的旨令誰也不敢吃，仍是浪費。道光帝心痛壞掉的半個西瓜，明令太監：「明日取消西瓜，只供水。」

清代宮廷規定，皇帝的日常膳食是四十八品[①]，皇后的日常膳食是皇帝份額的一半，即二十四品，皇貴妃、貴妃再減半，爲十二品。而道光帝一年四季的膳食都是菜餚、餑餑加在一起才五品，每日早晚兩膳都是如此。

道光五年正月十八早膳爲：燕窩紅白鴨子一品、鴨子白菜一品、燴銀絲一品、雞蛋炒肉一品、羊肉包子一品。晚膳是：燕窩紅白鴨子一品、羊肉絲燉白菜一品、白煮雞一品、鴨絲燉白菜一品、白糖油糕一品。

道光六年四月二十一早膳爲：燕窩鴨子一品、鴨子白菜一品、燴金銀絲一品、雞蛋炒肉一品、羊肉包子一品。晚膳是：紅白鴨羹一品、酒燉羊肉羊腱子一品、鴨

①一品即一份或一碗。

丁炒小豆腐一品、雞蛋炒肉一品、白糖油糕一品。

道光七年二月初六早膳爲：紅白鴨羹鍋子一品、鴨子白菜一品、燴金銀絲一品、雞蛋炒肉一品、黑糖油糕一品。五樣共使錢六吊七百二十八文。晚膳是：燕窩紅白鴨絲鍋子一品、羊肉燉菠菜一品、海參燴鴨絲一品、雞蛋炒肉一品、白糖油糕一品。五樣共使錢六吊三百三十九文。

我們可以看看同樣是二月份一天的早膳乾隆帝是怎麼吃的。二月二十三日早膳：炒雞、大炒肉、燉酸菜熱鍋、鹿筋折（拆）鴨子熱鍋、羊西爾占、蘋果軟燴、蒸肥雞燒麅肉、醋烹豆芽菜、肉絲炒韭菜、象棋眼小饅首……乾隆帝的用膳品項遠遠超過道光帝。

就連除夕和元旦的膳食，道光帝仍遵循節儉二字，御膳仍爲五品。

道光七年的除夕早膳爲：鴨子白菜鍋子一品、海參溜脊髓一品、溜野雞丸子一品、小炒肉一品、羊肉燉菠菜一品。第二天正月初一，早膳是：澆湯煮餑餑一品、羊肉絲酸菜鍋子一品、溜鴨腰一品、鴨丁炒豆腐一品、雞蛋炒肉一品。

沒有康乾盛世的條件，道光帝在過年時吃上雞蛋炒肉，已經成了奢侈的事。

▲《崇慶皇太后八旬萬壽圖》局部

# 乾隆帝愛吃筍

乾隆帝在杭州西湖行宮中，八天時間裡水筍絲就連續上了三次。

青筍一節一節地帶著旋紋，江南一帶的人更喜歡稱之為萵筍。

乾隆帝喜歡吃的水筍絲的食材就是萵筍。

乾隆帝六下江南，每次都是正月十五前後啟程，途經武清、德州、濟寧、徐州、淮安、揚州、蘇州、無錫，最後到杭州，耗時約一個半月，一路上水陸並進，品嘗各地風味美食，然後再由杭州折返而回。

有人說，乾隆皇帝這個時候到杭州就是「奔著」吃筍來的。冬筍、春筍、青筍先後登場，冬筍、春筍、食用期很短，只有青筍可以吃春、夏、秋三季。乾隆皇帝是一位懂吃的人，這個說法眞實、恰如其分。乾隆帝駐蹕杭州西湖行宮，八天的時間裡吃過春筍爆炒雞、醃菜炒燕筍、青筍醬汁肉、青筍蔥椒丸子……僅水筍絲就連續上了三次。

乾隆帝喜歡吃的水筍絲的食材就是青筍。青筍也稱萵筍、萵苣，因爲長得像筍，一節一節地帶著旋紋，嫩綠喜人，江南一帶的人更喜歡稱之爲萵筍。青筍吃法也多種多樣，可燒、可燉、可炒、可涼拌，被稱作「千金

菜」。無論清炒或是涼拌，清香爽口，肉質鮮嫩。涼拌菜是很多人都喜歡吃的一種菜式，因爲吃起來口感非常清爽，製作起來也非常方便，不僅開胃，還有排毒利五臟、清熱利尿、鎮靜安眠、白齒明目等藥用效果。

青筍原產地在地中海沿岸，漢隋時傳入中國，已有一千多年的歷史。宋代陶穀著《清異錄》記載：「咼國（西域国名西域國名）使者來漢，隋人求得菜種，酬之甚厚，故因名千金菜，今萵苣也。」暮春初夏，正是食青筍的好時節。青筍自古是蔬菜中的佳品，歷代文人如杜甫、陸游、楊萬里等皆有詩詠，留下一段段佳話：「堂下可以畦，呼童對經始。苣兮蔬之常，隨事藝其子。」當時窮困潦倒困居夔州的杜甫，買不起市上很時尙的高價青筍，於是撒種自種寫下《種萵苣》一詩以宣洩悲憤。

宋代陸遊稱青筍爲「翠苣」，作《新蔬》詩：「黃瓜翠苣最相宜，上市登盤四月時。」

明清時期，青筍種植範圍很廣，江南氣候溫暖，萵筍成熟較早，比其他地方要早上一個多月。乾隆帝南巡到杭州吃筍正適宜。

▲《玄燁南巡圖》第一卷

# 參月

# 故宮宴

## 開篇：宮廷素膳

清代帝王們每天進食大量的甘鮮果品及時令蔬菜，以保證營養均衡。在《庭訓格言》中，康熙帝有過這樣論述：「每兼菜蔬食之則少病，於身有益，所以農夫身體強壯，至老猶健者，皆此故也。」又說：「諸樣可食果品，於正當時成熟時食之，氣味甘美，亦且宜人。如我為大君，下人各欲盡其微誠，故爭進所得初出鮮果及菜蔬等類，朕只略嘗而已，未嘗食一次也。必待其成熟之時始食之，此亦養身之要也。」

宮中的節令食品也有食素的講究。正月初一食素餡餃子、清明節食素膳、四月初八浴佛日食素等。此外，根據全年不同的季節，皇帝嘗鮮的食品也以素食為主。清代宮廷內務府下設「掌關防內管領事務管理處」，該處下設「菜庫」。菜庫建於康熙三十三年四月，由內管領二人值年管理。設庫掌一人、庫守三十人、領催十五人、蘇拉三十人。

每年按額交宮內各種蔬菜瓜果：三十名香瓜園頭每名每年要交一百擔香瓜、一百顆西瓜、十八斤雜樣乾菜、二升鮮豌豆、五升蘇子葉、三十斤黃豆角、一百四十斤酸菜、二百斤白菜、八百九十斤小芥菜、三百斤大芥菜、一百七十五斤韭菜、一百七十六根黃瓜、四斗茄子、二十八斤大蔥、三十四斤春不老。

根據《欽定大清會典》記載，菜庫每年徵收御瓜菜園「額交」的「園差」共計二十餘種，十七萬餘斤。每年除徵收的瓜菜外，還有一部分時令蔬菜需要臨時採買，折交銀九千五百兩供菜庫到市場上「購買」。菜庫把徵收和購進的蔬菜經加工擇淨後，再供宮廷食用。

每年剛進四月，乾隆帝就親下旨：「四月初七日起，后妃止葷添素。」

# 蘿蔔

明代《明史・志第二十七禮五》記載：

參月：茶、筍、鯉魚、鮆魚。

清代《清史稿・禮志四》記載：

參月：王瓜、蔞蒿、芸薹、茼蒿、蘿蔔。

王瓜

蔞蒿

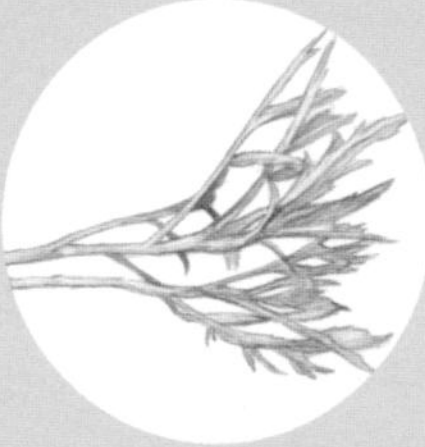

芸薹

茼蒿

# 宮廷春日吃春餅

立春是全年二十四節氣之首，從立春日開始，全年的農事就拉開了序幕。

清代宮廷春日吃春餅，要吃「滿洲合菜」。

立春日有迎芒神春牛的典禮。

中國以農業立國，歷代帝王都對春天寄予厚望，在這一天，要舉行打春、咬春等「立春祭」，迎接春天的到來。立春之日是宮廷重要的節令，有迎芒神春牛的典禮。鞭打象徵農事的春牛，表示不違農時開始農耕。根據《燕京歲時記》中記載：「立春先一日，順天府官員，在東直門外一裡春場迎春。立春日，禮部呈進春山寶座，順天府呈進春牛圖，皇帝親身示範引春牛而擊之，曰打春。」立春當天，皇帝要舉行「探春」典禮。皇帝鞭牛耕地「三推三返」，即往返犁地三趟。乾隆皇帝在親耕之後，還要登上觀耕台，觀看王公大臣們的耕作表演。清人著的《清嘉錄》指出，立春祀神祭祖的典儀，雖然比不上正月初一的歲朝，但要高於冬至的規模。重要的節日都具有濃重的祭祀色彩，「立春祭」發展到清代已成爲社會矚目、全民參與的重要傳統的民俗文化活動。

立春日的另一個重要活動是「咬春」。立春吃春餅的習俗起源於唐朝，也叫「咬春」。由於立春時，春回大地，萬物復甦，各種蔬菜發出嫩芽，古人就用麵皮包著時令蔬菜，捲成捲蒸熟或者油炸，取名春餅，寓意著五穀豐登，也是春天的象徵，並將它互相贈送，取迎春之意。

宋代《歲時廣記》中引自唐代《四時寶鏡》記載：「立春日食蘿菔、春餅、生菜，號春盤。」從宋到明清，吃春餅之風日盛，且有了皇帝在立春向百官賞賜春盤春餅的記載。明代《燕都遊覽志》記載：「凡立春日，（皇帝）於午門賜百官春餅。」到清代，伴春餅而食的菜餡更爲豐富。現在，人們備上小菜或各式炒菜，吃春餅時隨意夾入餅內。立春吃春餅有喜迎春季、祈盼豐收之意。

清代的《北平風俗類征》記載：「立春，富家食春餅，備醬熏及爐燒鹽醃肉，並各色炒菜，如菠菜、韭菜、豆芽菜、乾粉、雞蛋等，且以麵粉烙薄餅捲而食之。」

清代宮廷在立春日這天食春餅、春盤。乾隆年間，立春的前一日，皇帝便命御膳房「餑餑點心換春餅」。

所有的膳房都做春餅，就連佛、道、薩滿及祖宗的供品也有「春餅供」。春餅是用開水燙麵，加香油，烙成雙合餅。吃時揭開兩片薄餅平鋪，放好餅菜，捲成筒狀而食。據檔案記載，清代宮廷春日吃春餅，要吃「滿洲合菜」。什麼是滿洲合菜呢？就是突出東北滿族習俗的菜餚鹿肉、熏豬肉、野雞肉、關東鵝肉、鴨肉、野豬肉等。將這些滿族合菜裝入描金彩畫盒子裡，四面圍以茼蒿、醬瓜、醬苤藍、胡蘿蔔、乾扁豆、豇豆角、葫蘆條、寬粉、甜醬、綠豆粉（絲）等食材，頗有滿族入關前吃的「野味」的氣氛。這一天的壽膳、薄餅和搭配薄餅的菜，雖照常，但都要帶些春意，如春餅、盒子菜。

清代晚期，每到立春日，御膳房、壽膳房、皇后飯房以及皇子王公飯房只做春餅，不做春盤，改爲由內務府派人到皇宮外面東華門大街金華樓訂作。金華樓專門承應遜帝溥儀一家及王公侍衛等人吃春餅的熟肉菜，其中以「八寶燒豬」最爲出名。東四牌樓的普雲樓、護國寺街的仁和坊，也都是曾經爲宮廷裝酥盤、什錦盒子的豬肉鋪。

立春日皇宮還有與民間相同的吃蘿蔔「咬春」的習俗，但與民間又有些不同，如光緒帝咬的是蘿蔔，慈禧咬的是蘋果。雖然「咬春」的內容不一樣，其儀式卻相同：早晨起床後，總管首領跪地道賀立春大吉。茶房爲慈禧端上果茶，在蘋果上刻「三陽開泰」、「立春大吉」字樣，刻下的果皮貼在削去皮、切成片的大荸薺上。

# 殺菌驅寒食五辛

五辛盤迎新春，「辛」與「新」同音，取其象徵性的吉利意義。

立春日，清代宮廷還要食「五辛盤」。

清代五辛即蔥、薑、蒜、韭、辣芥。

何爲五辛？晉代周處的《風土記》中記載：「正元日五薰錬形。」「五辛……卽大蒜、小蒜、韭菜、芸薹（油菜）、胡荽（香菜）是也。」《證類本草》曰：「食五辛以辟厲氣。」《本草綱目》中的解釋是：「五辛菜，乃元日立春，以蔥、蒜、韭、蓼、蒿、芥辛嫩之菜，雜和食之，取迎新之義……。」唐宋時期，每逢立春之日，皇帝都要贈春盤給重臣食用，杜甫的詩句「春日春盤細生菜，忽憶兩京梅發時」，說的應是這件事。此後的春盤也越來越講究排場，南宋周密在《武林舊事》中記載皇宮中的春盤「翠縷紅絲，金雞玉燕，備極精巧，每盤值萬錢」。

唐代的五辛盤減去辣味而增添新鮮的蔬菜，換上了蘿蔔、生菜，並用麵粉烙圓餅代替「盤」捲菜而食，後爲歷代延用。

五辛盤迎新春，「辛」與「新」同音，除取其象徵

▶五辛盤

性的吉利意義之外，還包含有深刻的科學道理。立春之後，陰消陽長，休眠了一個冬天的植物開始萌發，人體也需要盡情舒展一下了。祖先選用辛味食物對運行氣血、發散邪氣都是有積極作用的。

清代宮廷學古、仿古，立春日食春盤，也食五辛盤。據乾隆年間的《膳食檔》記載，乾隆十八年十二月二十日，乾隆帝下旨御膳房「侍候五辛盤」。清代五辛與晉代五辛名稱相同，但內容有所變化，即蔥、薑、蒜、韭、辣芥，均切成細絲，合醬食用，以佐甜黃酒。對於用什麼樣的盤來盛五辛，茶膳房廚役與總管太監頗費了一番腦筋。起初，茶膳房廚役選了皇帝逢年過節用的盤心呈格式琺瑯盤盛五辛，中間用甜醬間隔，每格各安一朵吉祥花朵。擺好後，擺在皇帝用的養心殿東暖閣轉盤桌上，恭候皇帝「呈覽」。總管太監看後，覺得用琺瑯金龍盤更好。茶膳房廚役按照總管的意思，又用琺瑯金龍盤盛五辛，擺在重華宮的金昭玉粹轉盤桌上，請皇帝聖覽。乾隆帝將擺在養心殿東暖閣的五辛盤與重華宮的五辛盤作過比較後，覺得養心殿格式琺瑯盤好，同時下旨「五辛盤爾等一日一換」，以保持五辛清鮮。爲了一件五辛盤，乾隆帝不僅多次過問，還不厭其煩地透過隨侍太監、總管太監等對用盤、擺設提出建議，直到親自過目到滿意爲止。

# 素膳廚役

▲王瓜拌豆腐

清代宮廷的節令食品也有食素的講究。根據不同的季節，皇帝嘗鮮的食品也以不同的素食爲主。

宮廷內有專門烹製素膳的廚役。乾隆時期有一位名叫高五的素膳廚役，因爲製作素食技術高超，經常受到乾隆帝的賞賜。他在立春日用王瓜、韭黃、小蔥等新鮮蔬菜作春盤，清新鮮香；夏日將豆角、茄子或拌或炒，消暑去火；秋日用山藥、蓮子，爽口滋養；冬日烹調菌類、豆類，淡雅素淨。素膳加上芝麻、香油調味，獨具風味，令皇帝胃口大開。清代晚期，慈禧壽膳房的劉福泉也是以做素膳而聞名。他們做素膳的主要原料有各種菇、耳等菌類，應季瓜果鮮蔬、花卉、豆類製品等。其特點是四季蔬果清鮮素淨、脆嫩清爽，取「清鮮」、「素淨」之意。

清代宮廷的節令食品也有食素的講究。

根據不同的季節，皇帝嘗鮮的食品也以不同的素食爲主。

# 雞米鎖雙龍

隱含吉利、祥瑞詞句的菜餚極受皇帝喜愛。

這是道讓乾隆帝口與心都滿足的菜餚。

▲雞米鎖雙龍

乾隆皇帝六下江南回宮後，他的貼身御廚景啟特地用海參、黃鱔和雞脯肉製作了一道「雞米鎖雙龍」。當皇帝得知海參、黃鱔就是「雙龍」，而萬歲爺乃是當今眞龍天子，年號又帶隆（音同龍），中間用鎖字蘊含「大清江山永固」之意時，他喜不自勝，當即賜景啟三品頂戴。所以，這些隱含吉利、祥瑞詞句的菜餚，讓皇帝「口福」、「心福」雙雙滿足，意趣盎然，達到一種「物感心動、觸景生情」的至美境界。

# 王天下者食天下

乾隆帝的飲食中，雖然海味食品不多，但春季是皇帝御膳中出現海味食品最多的時候。

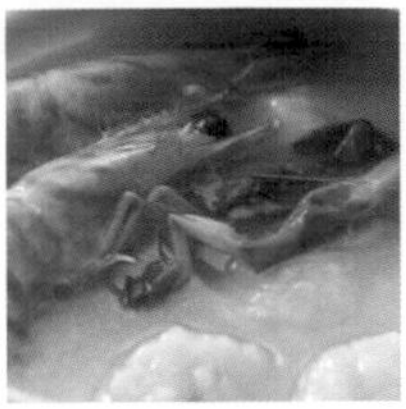

康熙帝、乾隆帝祖孫二人都多次下過江南，江浙地區的河鮮、海味是行一路嘗一路。

在清代乾隆時期的宮廷飲食檔案中，常見的多爲雞鴨豬羊等食材，海味的食材相對較少。這並非皇帝不吃海味，而是北方地區對海味食材的烹製方法以及用料組合等都不熟悉，製作起來有一定的局限性。

中國古代的農耕社會特質，決定了海味食材在飲食結構中屬於奢侈品。康熙帝、乾隆帝祖孫二人都多次下過江南，對於江浙地區的河鮮和海味是行一路嘗一路。江南沿海地區的海貨特產作爲年貢、萬壽貢的地方貢品，也源源不斷地進入宮廷。僅《紅樓夢》中描述的烏進孝向賈府進獻的禮單，就有「海參五十斤，蟶干二十斤，大對蝦五十對，乾蝦二百斤……」封建貴族的生活尚且如此，可以想見「普天之下，莫非王土」的封建帝王所享用的海貨珍味就更不在話下了。

因宮廷位置遠離沿海，交通不便，新鮮的海產品又難以保鮮。即便是江南沿海的名優貢品，皇帝吃到的無

◀鮮蝦丸子

外乎醃製、乾製的海貨。再有，歷史上一直認爲「海貨性寒」，北魏賈思勰著的《齊民要術》中曾記載海味珍品車熬的烹飪方法：「炙如蠣。汁出，去半殼，去屎，三肉一殼。與薑、橘屑，重炙令暖……」吃海貨需用調和暖胃的生薑、紫蘇等佐料，限制了海味的鮮美。任御膳房廚役烹飪技術多麼高明，也不可能把乾海貨做出鮮海貨的味道。

乾隆帝的飲食中，雖然海味食品不多，但春季是皇帝御膳中出現海味食品最多的時候，如「鮮蝦丸子」、「蝦米火熏白菜」、「蝦米菠菜餡餃子」、「青韭豬肉雖然王天下者食天下，但海味飲食在宮廷御膳中一直沒形成氣候。

小蝦烙盒子」、「豬肉菠菜蝦米餡燒賣」等。乾隆帝不僅自己吃，檔案中還有「進皇太后，上拌青韭蝦米餡水食」的記載。蝦米皮薄肉厚，肉質堅實、細膩，配以應時蔬菜或烹炒、煎炸，或以肉、菜為主拌入蝦米調餡，味道鮮美。

▲《臚歡薈景圖冊・慈寧燕喜》局部

帝與后妃的尊卑不同，所得份額多寡有異。蘿蔔的份額明顯不同。

清富察敦崇在《燕京歲時記・打春》記載：「是日富家多食春餅，婦女等多買蘿蔔而食之，曰咬春，謂可以卻春睏也。」

# 蘿蔔

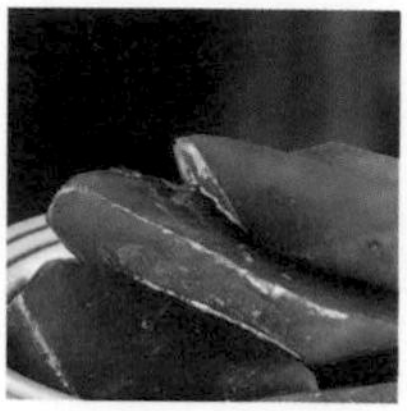

古人提倡在立春時眾人嚼吃蘿蔔，蘿蔔的辣氣有緩解春睏的功效。

蘿蔔在古代又稱雹突、紫花菘、萊菔、羅服、蘿菔，素有「小人參」的美稱。胡蘿蔔、白蘿蔔、卞蘿蔔、青蘿蔔……各種蘿蔔的種植在中國有千年的歷史了。

蘿蔔春、秋兩季播種，在四月份以及十二月份成熟收穫。秋季種植的蘿蔔品質好產量也非常高，經過越冬儲存甜、脆且水分足。平時登不了大雅之堂的蘿蔔，立春日一躍成爲太廟薦新的主要食材。薦新之後人人都要吃蘿蔔「咬春」，古人提倡在立春時衆人嚼吃蘿蔔，蘿蔔的辣氣有緩解春睏的功效，還有理氣、強身、祛病等作用。

蘿蔔這種民間平常的食材在歷史上卻是赫赫有名的。漢桓帝時年遭災難，地貧無收成。皇帝親自下令，勸人種蔓菁以充饑；三國諸葛亮征漢，令軍人種蘿菔。根據古書記載，蘿菔、蔓菁都指蘿蔔。唐代武則天時期，洛陽向宮廷進貢一根三尺的奇物——白蘿蔔。女皇

▲燉蘿蔔

武則天見了，聖心大悅，傳旨廚師，當天御膳就吃這根大蘿蔔。廚師們對蘿蔔進行了多道精細加工，切成均勻細絲，並配以山珍海味，製成羹湯。端到女皇的面前時，只見碗中是一朵盛開的白色牡丹花。女皇一吃，鮮美可口，味道獨特，大有燕窩風味，遂賜名「假燕窩」。從此，王公大臣、皇親國戚設宴品嘗「假燕窩」，蘿蔔也就登上了大雅之堂。

清代乾隆帝極喜歡吃燉蘿蔔。相傳，有一年春天乾隆帝食欲不振，胃納欠佳。經御醫們診脈，原來是他「食積腹脹，消化不良」。於是御醫們給他擬了一道食療方子。就在這天的御膳中，皇帝的餐桌上多了一碗色澤紅亮、味醇汁濃的「濃油赤醬紅燒肉」。乾隆帝夾起一筷子送入口中，香糯、鬆軟，油而不膩，鹹中帶甜，濃郁撲鼻的糖香味誘得他食欲大開，一下子連吃了六、七塊。這就是御醫開出的方子——一品燉蘿蔔，治好了乾隆帝的食欲不振。爲此，他下旨御膳房，每天都要做蘿蔔菜餚：糖醋蘿蔔、燉蘿蔔、蘿蔔燉鴨子、桂花蘿蔔、蘿蔔乾……他不僅自己吃，還將蘿蔔作爲清代宮廷飲食帝后、妃嬪的份例常備蔬菜。

按清宮膳食成例，皇帝每日膳食原料供應品種及數量爲：菜餚有盤肉二十二斤、湯肉五斤、豬油一斤、羊四隻、雞五隻、鴨三隻；白菜、菠菜、香菜、芹菜、韭菜（品種隨季節而定，下同）等共十九斤，大蘿蔔、水蘿蔔、胡蘿蔔共六十個，苤藍及乾閉甕菜各五個，蔥六斤。佐料：玉泉酒四兩、醬和清醬各三斤、醋二斤。麵點：各種餑餑八盤（每盤三十個，共用白麵四斤、香油一斤、芝麻和澄沙少許、白糖十二兩、核桃仁十二兩、黑棗十二兩），共計二百四十個，用白麵三十二斤、香油八斤、白糖六斤、核桃仁六斤、黑棗六斤、芝麻和澄沙若干。

皇后每日份例爲菜餚：盤肉十六斤、菜肉十斤、雞鴨各一隻；各種蔬菜二十三斤十三兩、水蘿蔔及胡蘿蔔共二十個、冬瓜一個、乾閉甕菜五斤、蔥二斤。佐料：醬一斤八兩、清醬二斤、醋一斤。麵點：各種餑餑四盤，每盤數量及用料與皇帝同。

皇貴妃、妃、嬪、貴人、常在、皇子及皇子福晉等，每日份例也均有詳細規定，其基本原則是數量依等級的下降而遞減。份例是制度化的膳食標準，也是皇權和封建等級制度在宮中膳食上的具體表現。因此，與其他典章制度一樣，份例亦有其權威性和嚴肅性，如無特殊情況，有司必須每日按例恭備，不得擅自增減。份例只是宮中正餐（即早膳和晚膳）的標準，正餐之外，皇帝還可根據需要隨時加餐。加餐另有承應之處，不屬御膳房負責；所需物品亦在份例之外，另行籌辦，不受制度限制。

# 故宮宴

肆月

## 開篇：清帝罷珍味

清代順治、康熙兩朝，宮廷飲食食材在以故鄉「關東貨」爲主的同時，也效法明代宮廷常以「嘗鮮」爲由，按季節徵收天下貢品，如江南的鮮魚蝦蟹、兩廣的瓜果蜜餞、山東的蘋果、山西的核桃、直隸的蜜桃和鴨梨，陝甘的花皮瓜、臺灣的西瓜、新疆的奶子葡萄……。

值得一提的是，江蘇鎮江的鰣魚曾被清帝罷貢。鰣魚是生在今江蘇南京、鎮江一帶、長江流域的魚種，季節性很強，每年春季溯江而上，初夏時洄游生殖。因此鰣魚身價倍增，成爲江南特產，自明代列爲進貢皇宮的貢品，清代初期仍沿此俗。第一網鰣魚進貢宮廷爲皇帝嘗鮮，宮廷會在桃花盛開的時候舉行「鰣魚盛會」，屆時皇帝賜文武百官一同品嘗。鰣魚味道鮮美，但運送鰣魚是非常辛苦的。魚打撈上來後，用冰船和快馬分水、旱兩路運抵京城，還要在沿途設冰窖、漁場保鮮。從鎮江到北京，約三千里（一千五百米）路程，官府限定二十二個時辰（四十四個小時）送到。屆時宮廷做好烹製準備，等鰣魚一到，即舉行盛會。因此，爲了爭取時間，送魚人在途中馬歇人不歇，只准許吃雞蛋充饑。常常是「三千里路不三日，知斃幾人馬幾匹？馬傷人死何足論，只求好魚呈至尊」（清代沈名蓀《進鮮行》）。鰣魚滿足了皇帝與大臣們的「口欲」，卻給當地百姓帶來無法逃脫的災難。因民間反抗「鰣魚之難」呼聲強烈，清代順治年間曾下旨停止。不過當地官員爲討好皇帝，很快就又恢復了一年一度的鰣魚之貢。許多參加過「鰣魚宴」的大臣對鰣魚的美味讚不絕口，但康熙帝堅持下旨停止鰣魚貢。康熙帝晚年，又有地方官員以「嘗鮮」爲名進貢鰣魚。直到雍正帝登基後堅決制止鰣魚貢，才得以徹底停止。

明代《明史・志第二十七禮五》記載：
肆月：櫻桃、梅、杏、鰣魚、雉。

清代《清史稿・禮志四》記載：
肆月：櫻桃、茄子、雛雞。

# 薦新食材

櫻桃

茄子

雛雞

# 圓與緣

清代宮廷在浴佛節煮一萬粒結緣豆，凡是皇帝、皇太后、皇后在這天第一眼見到的人，都要施豆結緣。

除了食素外，在四月初八這天清代宮廷還要吃結緣豆以結人緣。

食結緣豆時，還要佐以醬苤藍（大頭菜）、醬胡蘿蔔、藕等。

除了食素外，在四月初八這天清代宮廷還要吃結緣豆以結人緣。傳說，四月初八是佛誕生的日子，也是捨緣豆、結人緣之時。佛家相信人與人之間有命中註定的、前世已結下的遇合機會，有緣分的人相遇，關係非常融洽；無緣分的人相遇，非仇即恨，水火不相容。因此，佛從一誕生起，就忙忙碌碌地讓芸芸衆生去爲自己那個不可知的下輩子，煮豆燃豆萁，嚼豆結人緣。爲什麼專吃豆不吃別的呢？也許因爲豆是圓的，「圓」與「緣」同音，就以豆的「圓」去結人的「緣」吧。再加上豆粒小，吃一粒就能結一個緣分，吃一百粒就能結一百個緣分。

清代宮廷在浴佛節煮一萬粒結緣豆，凡是皇帝、皇太后、皇后在這天第一眼見到的人，都要施豆結緣。乾隆帝的母親崇慶皇太后一生茹素，虔誠禮佛。四月初八這一天，崇慶皇太后先是命慈寧宮膳房選青豆

三千三百三十三粒，選黃豆三千三百三十三粒，選茶豆三千三百三十四粒，各用白布縫袋分裝同煮。煮熟後撒上細鹽，贈給皇帝青豆三百三十三粒、黃豆三百三十三粒、茶豆三百三十四粒。贈給皇后與皇帝數量相同。贈給皇貴妃、貴妃、嬪妃等人各青豆三十三粒、黃豆三十三粒、茶豆三十四粒。食結緣豆時，還要佐以醬苤藍、醬胡蘿蔔、醃胡蘿蔔、藕、豆腐干、王瓜、薑、櫻桃等搭配。此外，王公大臣、太監、宮女各有賞賜，皇帝、皇后得到結緣豆後，再互相贈送，以結緣分。

清代晚期，慈禧好佛，也命茶房煮五香豆，加五香鹽，除供佛之外，還散給宮女、太監們吃，還要遣人到臨近各巷逢人散食。慈禧也會給光緒帝、隆裕皇后及瑾妃、珍妃等人散結緣豆結人緣。

從血緣角度上來說，光緒帝是慈禧親妹妹的孩子，也就是她自己的親外甥。因爲慈禧選擇年幼的光緒當皇帝，但是光緒的親生母親卻只是一個福晉，這不符合中國古代皇室的規矩，所以年幼的光緒必須過繼給慈禧，光緒和慈禧從此就成了母子。

光緒七年慈安太后崩逝後由慈禧太后一宮獨裁，直至光緒帝十八歲親政，此後雖名義上歸政於光緒帝，實際上大權仍掌握在慈禧太后手中。光緒帝一生受到慈禧太后的挾制，未曾掌握實權。

兩個執掌權力最高的領導者，一個要垂簾聽政，一個是當朝皇帝，這裡面存在著根本性的利益衝突，他們之間的「緣」又豈是幾個各色圓豆能結得了的？

# 止葷添素

四月初七，乾隆帝開始吃素。

清代宮廷御膳房下設素局，專門為皇帝、皇后烹製素食。

乾隆帝敬天法祖，嗜古成癖，對「浴佛節」這天的飲食非常重視。每年剛進四月，乾隆帝就親下諭旨：「四月初七日起，后妃止葷添素。」宮內佛堂換上雙龍紋飾的供碗、盤，擺上最隆重的供品，每桌二十五品：點心五品、蜜食五品、爐食五品、蒸食五品、素菜五品。素菜有捲簽、山藥、麵筋、香蕈、鍋渣。爲了表示敬佛虔誠，皇帝、皇后還親自上供。乾隆二十年四月初七日的《皇帝進膳底檔》中就記載：「萬歲爺、皇后各用供一桌。素菜十三品，（其中）麵捲三品、麵筋三品、捲簽二品、山藥糕二品、豆腐乾三品」。浴佛節這天，皇帝還特旨佛堂廚役爲他備膳。

四月初七起，乾隆帝開始吃素。

乾隆三十年四月初八，正是乾隆第四次南巡途中。雖然旅途飲食不能與皇宮相比，但據檔案記載這一天的飲食仍然很豐盛。

◀羅漢麵筋

◀素燴三鮮

早膳是「素雜燴一品、素筍絲一品、苔蘑爆醃白菜炒麵筋一品、口蘑燉麵筋一品、豆瓣燉豆腐一品、水筍絲一品、野意油煠果一品、紅糕一品、竹節捲小饅頭一品、銀葵花盒小菜一品、銀碟小菜四品、奶子飯一品、素麵一品、果子粥一品、餑餑六品、額食三桌、爐食四品」。

晚膳是「香蕈口蘑燉白菜一品、羅漢麵筋一品、油煠果火燒一品、托活里額芬一品、素餡包子一品、小米麵窩窩頭一品、象棋眼小饅頭一品、銀葵花盒小菜一品、銀碟小菜四品、綠豆陳倉米水膳一品、額食五桌、奶子二品、餑餑十品、爐食六品」。

# 《詠人參詩》

篤信進食人參可強身健體的乾隆帝，每日噙化人參可稱之最。

清代皇帝、后妃對人參推崇至極，遠遠超過歷朝歷代。

乾隆帝不但「恩寵」人參，就連服用的方法也特別講究。

清代皇室發祥於盛產人參的東北地區，清代前身——後金時期統一女眞各部的努爾哈赤就是靠人參和貂皮互市貿易來換取鐵器、糧食、布匹等積蓄力量。

《本草綱目》中說，人參可治陽虛氣喘、自汗盜汗、產後出血等病。人參的用途相當廣泛，常用來大補元氣，益氣生津，寧神益智。

清代皇帝、后妃對人參推崇至極，遠超歷朝歷代。據清代宮廷檔案記載，雍正十三年，太醫院共用人參二百三十斤。這些人參有御膳房用於燉菜食用的，也有御藥房用於藥用的。食用人參方法特別講究，如「噙化」人參，將人參切成薄片，放口內含至無參味後嚼碎咽下。據《妃嬪用藥底簿》記載，乾隆三十年十二月二十日起至三十一年正月二十一日，穎妃共噙化人參三兩一錢。

篤信進食人參可強身健體的「古稀天子」乾隆帝，

▲蘑菇人參燉豆腐

每日噙化可稱之最。據乾隆時期《上用人參底簿》記載：「自乾隆六十二年（宮中紀年，實則嘉慶二年）十二月初一始，至乾隆帝六十四年正月初三日止，皇上共進人參三百五十九次，四等人參三十七兩九錢。」乾隆帝幾乎是天天服用人参，每天在三克左右。乾隆帝對人參的鍾愛，不僅限於服用，還曾作詩《詠人參》，表達自己對人參的喜愛和讚美。

性溫生處喜偏寒，一穗垂如天竺丹。
五葉三椏雲吉擁，玉莖朱實露甘溥。
地靈物產資陰騭，功著醫經注大端。
善補補人常受誤，名言子產悟寬難。

宮廷帝后食用人參除「噙化」外，還有「研末吞服」、「文火燉服」，「浸酒飲服」等多種方法。乾隆帝晚年鍾愛的八珍糕的食材中就有一定量的人參。乾隆帝還要求御醫根據自己的身體情況，在不同的季節選用不同的「人參」，如「人參」換「黨參」，加減人參劑量等適時適量服用，使其很好地發揮補元氣的功效。

# 平淡無奇的茄子

乾隆帝喜食茄子，還曾為茄子作詩。

別看茄子其貌不揚，在古代可是被列入皇帝膳食中的食材。

茄子最早產於印度，西元四至五世紀傳入中國。別看茄子其貌不揚，在古代可是被列入皇帝膳食中的食材，也是太廟薦新食材之一。古代，茄子有過落蘇、酪酥、昆侖瓜、矮瓜等名。據說，「昆侖紫瓜」就是隋煬帝楊廣對茄子的愛稱。茄子味清香，但非厚味，多爲佛門素食的食材。唐代寺院多以茄子爲齋食，段成式《酉陽雜俎》曰：「茄子熟者，食之厚腸胃，動氣發疾。……僧人多炙之，甚美。」清代乾隆帝更是喜食茄子，並爲茄子作詩：「衣紫僧人味偏好，晝禪五詠有同心。」

茄子的吃法葷素皆宜，可以炒、燒、熬、燜、炸、溜、蒸，做出不同風味的菜餚。明代高濂《遵生八箋》，清代曾懿《中饋錄》、劉灝《廣群芳譜》等，記述了多種茄子的烹調方法：糖蒸茄、糟茄、淡茄、香瓜茄、糟瓜茄、糖醋茄、蒜茄、芥末茄、醬茄、蝙蝠茄、鵪鶉茄等。

清代宮廷御膳檔案裡記載過的「小炒茄」、「獨茄子」、「茄盒子」、「蒜泥茄子」、「茄干」等，是乾隆帝經常食用的。夏季，乾隆帝的膳食中總會臨時添加「蒜泥茄子」。

乾隆帝在避暑山莊避暑時，正是蔬菜收穫的季節。新鮮的茄子、小蔥，是他御膳必備的兩品菜：蒜泥茄子、小蔥拌豆腐。蒜泥茄子亦蔬亦藥，茄子屬寒涼食材，大蒜有殺菌功能。夏天食用，有助於清熱解暑，對人身體有益。

乾隆三十年，乾隆帝第四次南巡。在途中除御膳房爲皇帝備膳外，沿途地方官員也不斷地送吃送喝。兩江（「兩江」即指今江蘇、安徽、江西三省及上海市）總督尹繼善，隔三岔五地給乾隆帝送江南地方美食「茄干」。茄子是時令菜，並非一年四季都有。要在沒有茄子的季節還吃得到茄子，這就要做到既保持茄子清香，又能入厚味，且易於保存。在《紅樓夢》中也提到了一種既能長時間保存又美味可口的茄製佳餚，那就是製法勝於食材的「茄鯗」。

平淡無奇的茄子，清宮御膳房變換著多種做法，爲皇帝烹調出美味可口的菜餚。

◀茄盒子

# 南、北果房

宮廷飲食材料仍以皇帝故鄉的物產為主要來源。

清代皇室入關，把本民族的飲食文化也帶到了北京。

為了保證皇帝、皇后有充足的甘鮮果品，宮內設南、北果房。

一六四四年清代皇室入關，把本民族的飲食文化也帶到了北京，其中包括飲食愛好和飲食習慣。當時，宮廷飲食材料仍以皇帝故鄉的物產爲主要來源，除鹿肉、麅肉[①]、鰉魚、人參外，專司養蜂採蜜的「蜜戶」也要定期定量向宮中進貢蜂蜜。

爲保證帝后們有充足的甘鮮果品，宮內設有南、北兩個果房，清代宮廷在順天府、保定、河間、永平、廣寧、南苑設置果園，安肅縣設瓜園，每年收穫的瓜果交北果房管理。此外每年東三省進的桃、杏、蜜餞紅果、杜梨干、葡萄、西門城梨、甘梨；陝西進的哈密瓜、白蘭瓜；安徽進的櫻桃；山東進的金絲棗；甘肅進的枸杞等亦交北果房。

江南進的福建荔枝、蜜羅柑、紅黃柚、蓮子，浙江

①現在麅子是中國國家保護動物。嚴禁獵捕、買賣、食用野生麅子。

▲蜜餞紅櫻桃

進的蘆柑、橘餅、佛手、香櫞、百合、桂圓、青果、木瓜，廣東、廣西進的香橙、甜橙、蘇澤堂橘紅、老樹橘紅、豆蔻、檳榔、福圓干、福圓膏，雲貴進的檳榔膏、香茶丸和法製百合、西洋香糖粒、西洋舌香、法製陳皮、呂寧柑子蜜等交南果房。

南、北兩果房除供皇帝、皇后等食用甘鮮果品外，還負責製作蜜餞、浸漬蜜紅果、蜜海棠、蜜榅桲以及糖青梅、糖桂花、糖玫瑰花等，供膳房取用。

# 神州第一奇

雞是古今膳食最普通的食材，《黃帝內經》記載了「五穀為養，五果為助，五畜為益，五菜為充，氣味合而服之，以補精益氣」的膳食配伍原則。

雞肉的肉質細嫩，滋味鮮美，適合蒸、煮、燉、炒、涼拌等多種烹調方法，營養豐富，易消化。

康熙帝的一句讚揚使德州扒雞成了神州第一奇。

清代宮廷薦新，「雞」是四月的薦新食材。

雞是古今膳食中較爲普通的食材，《黃帝內經》記載了「五穀爲養，五果爲助，五畜爲益，五菜爲充，氣味合而服之，以補精益氣」的膳食配伍原則，五畜之一的雞就深爲人們喜食。

雞肉的肉質細嫩，滋味鮮美，適合蒸、煮、燉，炒、涼拌等多種烹調方法，營養豐富，易消化，對人體有滋補養身的作用，故民間稱雞爲「濟世良藥」。

清代皇帝喜歡吃雞，雖然每日有五隻雞（其中當年雞三隻）的定量，但餐桌上幾乎餐餐都有雞烹製的菜餚，實際數量上遠遠超過定量。

雞肉烹飪方法有鍋塌雞、白切雞、蘑菇燉雞、冬筍爆炒雞、野雞熱鍋、五香雞絲、木耳雞絲、熏雞絲、溜雞片、雞爪子、拆骨雞等。其實多種多樣雞的烹飪大多來自民間，至今宮裡還流傳著康熙帝與拆骨雞——德州

▶扒雞

扒雞的故事。

康熙四十一年九月，康熙帝攜皇太子胤礽、皇四子胤禛、皇十三子胤祥等第四次南巡。這次南巡，康熙帝重點巡視黃河工地。康熙帝一行經永清、文安、河間、獻縣、阜城、景州，於十月初四日至德州。因皇太子胤礽突患急症，不得不停止南下，在德州住了下來。滯留於德州行宮十八天後，皇太子病未見好轉，只能中斷南巡返京，候明年繼續南巡。

在德州期間，康熙帝順便看望自己的老師田雯。田雯是德州人，清代文學家，自號山姜子，做過江蘇巡撫、貴州巡撫、戶部侍郎等高官。後來因病辭官回家，著書立說。

田雯雖高官致仕（退休），但他爲官清廉，囊中羞澀。家中既無名師御廚，又無海味山珍，拿什麼招待聖駕呢？他靈機一動，派人買來幾隻剛出鍋的上好扒雞，用家鄉的特產爲皇帝接風洗塵。他說：「這是我們德州的特產，請皇上品嘗。」荷葉打開，色澤金黃的扒雞香味撲鼻而來，康熙帝入口一嘗，味道醇厚、鮮嫩酥軟、滿口留香，連連稱其爲「神州第一奇」。

皇帝的一句讚揚，就使德州城內及水旱碼頭上沿街叫賣的扒雞的身價發生了變化——進入宮廷成了貢雞。乾隆時期又招扒雞製作者進入御膳房，從此扒雞成爲宮廷御膳。德州扒雞成品熟爛脫骨，趁熱抖動，骨肉分離，但正品不失原形。因此，扒雞在宮廷亦以脫骨雞著稱。

▶《萬樹園賜宴圖》局部

伍月

# 故宮宴

# 開篇：夏日食鮮

炎熱的夏天，清代宮廷帝后除了吃冰碗、甜碗以外，新鮮的蔬菜、水果、鮮花也是消暑的必需品。乾隆帝喜食黃瓜，拌黃瓜、醃黃瓜是他夏日膳桌上的「常客」。

嶺南荔枝也是清代宮廷消暑的食鮮水果。歷史上楊貴妃吃荔枝的故事大家都知曉，「一騎紅塵妃子笑，無人知是荔枝來」。而乾隆帝吃荔枝是讓地方官員進貢荔枝樹，在船上栽培，行船大約三個半月到達京城，是時剛好長出成熟的荔枝。

清代末期的慈禧喜食鮮花，常以盛開的鮮花入食，花樣繁多。早在滿族的先祖女真時代，就開始將野生的白芍藥花嫩芽與麵粉拌和，上鍋蒸食，味道甚美。同時榆樹錢、槐樹花也如法烹製，做成傳統的滿族美味佳餚，味道鮮美。

清代皇室入關，在生活方式、飲食習俗上逐漸漢化，但「嘗鮮」的習俗卻歷代相傳，並根據季節不同，採集各種不同的植物、鮮花，直接入饌或製成飲料。春季的榆錢糕、榆錢餅；夏季的玫瑰餅、藤蘿餅；秋季的蓮藕、桂花、菊花等都是慈禧「嘗鮮」的美食。

曾在慈禧身邊做過女官的裕德齡在《清宮二年記》中，就有慈禧飲金銀花的記載：「飯後，太后照例要飲茶。太后的茶杯是纯白美玉做的，茶托和碗蓋都是金的。接著又有一個太監捧著一只銀託盤，裡面有兩只和前一只完全相同的白玉杯子，一只盛金銀花，一只盛玫瑰花，杯子旁邊還有一副金筷。兩個太監都在太后面前跪下，將茶托舉起，於是太后揭開金盞，夾了幾朵金銀花放進茶裡。太后一邊啜茶，一邊對我們說她最喜歡這種花，放到茶裡有一種特別的香味……。」

明代《明史·志第二十七禮五》記載：

伍月：新麥、王瓜、桃、李、來禽、嫩雞。

清代《清史稿·禮志四》記載：

伍月：桃、杏、李、桑葚、蕨香、瓜子、鵝。

# 薦新食材

桃

蕨香

杏

瓜子

李

鵝

桑葚

# 康熙帝視蕨菜爲「長壽菜」

康熙帝把蕨菜稱作「長壽菜」，蕨菜由平民百姓家中常食的野菜，變為皇宮御膳。

蕨菜不僅可鮮食，其根還是藥材。

蕨香即蕨菜，是五月薦新的食材之一。

傳說康熙帝每年夏天都要到熱河行宮木蘭圍場去打獵，周圍六旗三十六營的首領們都要帶著禮物覲見康熙帝，以表忠心。有一次，金風營的頭人海通，提著一小袋蕨菜前去進貢，說：「這菜不僅味道鮮美，而且祛痰生津、清氣上升、濁氣下降，常吃眼清目明，膚色潤滑，長命百歲。」海通還用幾片山雞肉和碧玉色的蕨萊做出一道菜，康熙帝品嘗後，感覺口感脆、嫩、滑，一時食欲大開，神清氣爽，康熙帝將蕨菜稱爲「長壽菜」。從此，蕨菜由平民百姓家中常食的野菜，變爲宮廷御膳，菜中珍品。

蕨菜雖然是民間百姓非常熟悉的野生蔬菜，但是其還有一些名字大家可能不太熟悉，如龍頭菜、拳頭菜等。蕨菜屬草本植物，葉、莖均爲深綠色，柔軟鮮嫩。由於蕨菜生長在長江流域及以北地區，或海拔二百到八百三十米的山地陽坡及森林邊緣陽光充足的地方，因

▲長壽菜

此又有「山菜之王」的稱號。

民間食用蕨菜的歷史很早，《詩經・召南・草蟲》中就有「陟彼南山，言採其蕨」的句子，可見早在先秦時期，祖先就用蕨菜作菜了。婦人們喜歡登上高高的南山頭，採摘肥嫩的蕨菜。春天，蕨菜嫩葉捲曲尚未展開之時，猶如緊握的小兒拳頭，此時採摘食用效果最佳，鮮嫩爽口。《本草綱目》上記載：「蕨，處處山中有之。二三月生芽，拳曲狀如小兒拳，長則展開如鳳尾，高三四尺。其莖嫩時採取，以灰湯煮去涎滑，曬乾作蔬，味甘滑，亦可醋食。去涎滑，曬乾作蔬，味甘滑，亦可醋食。」蕨菜不僅可鮮食，其根還是藥材，有清熱、利濕、健脾和胃的功效。

蕨菜全身都是寶，明代黃裳的《採蕨詩》中有「皇天養民山有蕨，蕨根有粉民爭掘」。清代康熙帝更視蕨菜爲長壽菜。因此，太廟五月選用蕨菜薦新。清代統治者在選擇薦新食材時，把時令食材列入其中是有其用意的。

# 蜜煎

到了清代，南北蜜餞以清代宮廷為冠。

果品是人類較早用來果腹的食物之一，人類認識果樹的歷史也十分悠久。

蜜餞也稱爲「蜜煎」，是指人們將新鮮果品放在蜂蜜中煎煮，去除果品中的大量水分，利於久存且增進風味而得名。

人類認識果樹的歷史十分悠久。果品是人類較早用來果腹的食物之一。早在《詩經》中即有「摽有梅，其實七兮」、「桃之夭夭，有蕡其實」、「丘中有李，彼留之子」的記載。《周禮》曰：「場人，掌國之場圃，而樹之果蓏珍異之物，以時斂而藏之。」但是水果的季節性強，聰明的古人將剩餘的鮮果加工成果乾，用蜂蜜製成蜜餞。東漢人趙曄所撰《吳越春秋》一書中說的「越以甘蜜九欓，報吳增封之禮」，是中國有關蜜餞較早的文字記載。進入唐宋時期，隨著果品和養蜂、製糖業的發展，蜜餞加工水準得到長足的發展，從而使蜜餞食品的產量及品種大爲增加，成爲獨立於食品之林的「蜜煎」一族。至元明時期，蜜餞的加工無論在技術上

◀蜜餞杏脯

◀蜜餞蘋果

滿族先民長期生活在寒冷地區，食用甜品能增加其抗寒能力，這種飲食習慣也保留了下來。

還是在花色品種上，都得到了進一步完善，蜜餞食品的色、香、味趨於成熟。

由於各地生產的水果種類不同，加工工藝各異，蜜餞也呈現出南北兩大風味。北派是經糖漬煮製後烘乾製成的，色澤有棕色、金黃色和琥珀色，鮮明透亮，表面乾燥，如蘋果脯、梨脯、桃脯、沙果脯、棗脯、青梅脯、山楂脯、海棠脯等；南派是以糖、甘草和其他食品添加劑醃漬處理後，再進行乾燥製成的，成品有甜、酸、鹹等風味，如話梅、甘草欖、九製陳皮等。到了清代，南北蜜餞食品彙聚北京，花色品種日益豐富，是蜜餞發展的重要時期。滿族先祖世代居住的長白山山清水秀、花果滿山，是北方植物、動物賴以生存的理想天地，更是滿族先祖農耕、養蜂產蜜的好地方。蜂蜜除了向當時的明代納「蜜貢」外，還和水果一起被加工成蜜餞果脯。

清代宮廷曾設有南、北兩個果房，分別製作南、北兩種風味的蜜餞和乾果。蜜餞和乾果除用於糕點的餡料外，更多的是替代鮮果祭祀和薦新。

# 玫瑰花開香如海

因玫瑰花的花期有限，玫瑰花餅又只用鮮玫瑰花製作，所以玫瑰花顯得更為名貴。

在清代宮廷餅類食品中，有一種叫玫瑰花餅。

玫瑰以其豔麗的花朵和濃郁的香氣為人們所喜愛。

在清代宮廷餅類食品中，有一種叫玫瑰花餅。玫瑰花餅的餡料以鮮花花瓣爲主，餅面上再撒些鮮花瓣，看上去花瓣令人心醉，吃下去花香沁人心脾。

玫瑰花原產於中國，栽培歷史悠久，據《西京雜記》記載，玫瑰花在漢代即有栽培。到了唐代，用玫瑰花製作香袋、香囊；南宋時，用玫瑰花製作糕點；明代時開始用玫瑰花製醬、釀酒、窨茶。

北京的妙峰山栽培玫瑰花已有幾百年歷史，被譽爲「中國的玫瑰之鄉」，每年四五月份是玫瑰花盛開的季節。清宮內務府派人到妙峰山採集玫瑰花，用於釀酒、製糖、製作糕點、窨茶、造醬、蒸玫瑰露。清代宮廷帝后最喜歡食用鮮花製餡的玫瑰餅、玫瑰方脯。據晚清時的《燕京歲時錄》記載：「四月以玫瑰花爲之者，謂之玫瑰餅……皆應時之食物也。」因玫瑰花的花期有限，用鮮玫瑰花做玫瑰餅，更是顯得非常珍貴。

據《膳底檔》記載，御膳房的玫瑰花餅的做法是：將半開的鮮玫瑰花朵摘下，去蒂去蕊分瓣，用清水洗淨、瀝水、晾乾，將脂油切成碎丁拌上白糖，與玫瑰花混合後醃漬。醃透以後，包餡做成玫瑰花餅、玫瑰方脯。這樣做，既能保持玫瑰花的鮮豔顏色，又能留住玫瑰花的香氣。

清代《調鼎集．果品部》收錄了近五十種花果的烹飪方法，可以說，清代是歷代食用玫瑰花之集大成者。滿族餑餑逐漸與漢族糕點相結合，形成了清宮御膳糕點。

▶玫瑰花餅

# 端午粽子不含糊

清代宮廷過端午節，粽子是從不含糊的，而且粽子的用量也非常驚人。

**乾隆年間，宮廷過端午節，要吃粽子、賞粽子、供粽子。**

北京故宮博物院館藏的《午瑞圖》真實地反映了清代宮廷的端午節景。

清代宮廷過端午節，粽子是從不含糊的，而且粽子的用量也非常驚人。

早在關外時，滿族就有端午節食椴葉餑餑，並用來祭神的習俗。椴木是一種落葉喬木，春季發芽，葉闊如掌。端午節時，用椴木葉包黏高粱米與小豆泥，上屜蒸熟製成椴葉餑餑。滿族食用的椴葉餑餑與中原地區的江米粽子很相似，只是所用原料受地域限制，才出現黏高粱米與江米、椴木葉與葦葉的區別。

清代皇室入關後，在相當長的一段時間內仍保留著滿族傳統食風，端午節用椴葉餑餑祭祀上供。但隨著滿族入關日久，滿漢飲食習俗不斷融合，飲食文化不斷發展，在坤寧宮祭祀時，就出現了傳統的椴葉餑餑與漢族的粽子同時上供的場景。

據清乾隆十八年《御茶膳房》檔案記載，清代宮廷自五月初一起，宮內帝、后、妃、嬪的膳桌上就開始擺

▲端午粽子

粽子和粽方。

攢盤粽子每盤十八個，每粽方爲二百個粽子，僅乾隆帝膳桌上就擺出了「早晚膳攢盤粽子二品，早晚膳備用粽子二方」。此後，初二至初四每日擺出同樣數量的粽子。宮內后妃也一如皇帝飲膳之俗，每日擺出粽方。

到初五端午節這一天，宮內用粽子的數量達到峰值，「初五早膳，伺候萬歲爺攢盤粽子一品、額食四桌、餑餑四桌、奶子八品（一桌）、盤肉八盤（一桌）、粽子八盤一桌、粽子四盤一桌、粽子兩方」。晚膳時，「伺候萬歲爺攢盤粽子一品、粽子四盤一桌、配奶皮熬爾布哈四盤一桌、粽子兩方」。《膳底檔》中還記載了「此五日（初一到初五）萬歲爺用膳共用攢盤粽子十盤、每盤十八個，粽方四方、每方二百個，粽子十六盤、每盤二十二個」。也就是說，乾隆帝在這一年的端午節裡共用了一千三百三十二個粽子。御茶膳房爲包這些粽子，共用江米（糯米）一千三百七十三斤九兩、白糖五百七十七斤、奶油九十四斤、香油六十三斤六兩、澄沙二十八斤八兩、蜂蜜三十三斤四兩、核桃仁四百三十五斤、曬乾棗十七斤八兩、松仁八斤七兩、栗子十二斤、黑葡萄八斤二兩，僅包粽子用的細麻繩就用了十八斤。

當然，皇帝的胃口再大，也不可能吃掉這麼多粽子。皇帝膳桌上每日擺出的粽子，大多作賞賜用。據《膳底檔》記載：「五月初五早膳後，隨賞軍機大臣七

人，粽子四盤；師傅八人，粽子四盤；翰林八人，粽子四盤；宮內（水）法官等七人，粽子兩盤；懋勤殿翰林四人，粽子兩盤；教司學生太監十二人，粽子六盤；小太監八人，粽子四盤。」此外，皇帝賞后妃、皇子、王公大臣的粽子就更多了。清宮粽子品種很多，有棗粽、果粽、澄沙粽、奶子粽等。端午節的粽子不僅被記載在清代宮廷檔案內，粽子的外形還被繪於宮廷圖畫中。北京故宮博物院館藏的義大利畫家郎世寧，秉承乾隆帝旨意繪製的《午瑞圖》，眞實地反映了清代宮廷的端午節景一瓶中插滿艾草、菖蒲、石榴花等花草，託盤裡盛有應季的李子和櫻桃。特別是圖中幾個呈三角錐形的粽子，個個帶有系粽子的馬蓮草，形象逼眞，造型準確，幾乎與三百年後的粽子一模一樣。

# 乾隆帝喜食鴨

乾隆帝不僅將鴨子吃出花樣，更吃出了境界。

清代皇帝的菜餚幾乎每餐都有鴨子。

鴨肉是很好的補益之品。清代皇帝的菜餚幾乎每餐都有鴨子。在乾隆帝的膳單中，鴨子出現的次數極多。

翻開清代御茶膳房檔案留下的《膳底檔》就會發現，乾隆帝的菜譜裡有燕窩扒鴨、鴨子火熏蘿蔔燉白菜、火熏蔥椒鴨子、八仙鴨子、山藥酒燒鴨子、燕窩火熏鴨子、鴨子豆瓣湯、掛爐鴨子等多種鴨膳，僅以鴨子做餡的食品就有鴨子餡提褶包子、鴨子口蘑餡提褶包子、鴨子口蘑餡合手包子、鴨子口蘑餡燒賣、鴨子口蘑餡燙麵餃子……。

乾隆帝不僅將鴨子吃出了花樣，更是吃出了境界。每逢入冬時節，鴨子更是他的必吃之物。有時一天就能用掉十幾隻鴨子。乾隆帝喜食「清燉鴨子」，這道湯菜做法十分講究，先將調好味的鴨子裝在瓷罐裡，再把瓷罐裝入一個盛有一半清水的有蒸汽的鍋裡，然後蓋緊鍋蓋，勿令散氣，文火連蒸三天，鴨肉會極爲酥爛。慈禧也喜歡吃鴨子，如炒鴨丁、烤脆皮鴨等都是她的最愛。

◀掛爐鴨子

# 明日餑餑換撚轉兒

撚轉兒清淡的麥香味讓人回味無窮。

每年春季榆樹發芽的時候，清代宮廷要食榆錢餑餑、榆錢糕和榆錢餅。

清宮御膳的菜餚雖不乏膏粱厚味，但雜糧、蔬菜、山果在御膳中也佔有重要地位。每年春季榆樹發芽的時候，清代宮廷要食榆錢餑餑、榆錢糕和榆錢餅。榆錢是榆樹的果實。榆錢糕是用榆錢與麵粉蒸成的糕，此糕白綠相間、香甜適口。民間還有吃榆錢窩頭，圖個有榆（餘）錢吉利的風俗。每到初夏，乾隆帝都要讓御膳房給他做撚轉兒吃⋯⋯。

撚轉兒來源於中原小麥產地河南、河北、山西等地，已有一千多年的歷史。當時，春夏之交是農民最難熬的日子，陳糧早已吃完，新糧尚不成熟。充滿智慧的農民就用雖飽滿但未成熟的泛黃青麥做撚轉兒吃。這些青麥再多長幾天就能多收穫一些，但爲了救眼前饑餓之急，也只好忍痛割麥。

撚轉兒的做法十分複雜，先一把把地將麥穗用柴火燒燎脫掉外殼，再將麥粒放在大鍋裡翻炒。炒熟的麥粒

▲撚轉兒

倒在上片石磨盤上，麥子隨著上片磨盤的旋轉順著磨盤的洞眼固定到下片磨盤上。麥粒被轉動的上下相對的石頭棱槽撚破，搓成像粗毛線頭似的一條一條，白中帶綠，長長短短。從兩片磨盤間的縫裡出來的一個個小麵捲兒就成了撚轉兒，其名也由此而得。做撚轉兒需要嚴格地挑選麥子，以成熟且沒擀透、麥粒綠且飽滿有硬度的爲宜。

撚轉兒不僅接濟了青黃不接時人們的口糧，清淡的麥香味更讓人回味無窮。後來人們又在撚轉兒中加調料拌製，彌補了青麥粒口味單一的不足。此後人們不斷推陳出新，讓這一季節性很強的地方小吃流傳下來。產麥地區每年麥收前的短暫幾天，家家都會製作撚轉兒食用。甚至宮廷皇家御廚也會在春天做撚轉兒，使其成爲宮廷御膳中的一道美味。

每到新麥灌漿的季節，清代宮廷都很重視做撚轉兒，並規定地方官員在每年麥收前要派專人到宮內爲皇帝製作。每次在食用撚轉兒的前一天，乾隆帝都要傳旨御膳房——「明日餑餑換撚轉兒」。宮廷的御膳房、壽膳房和皇子后妃們的各個飯房，都要吃這種青麥食品。帝王吃撚轉兒大多是爲了嘗鮮，很難體會到民間百姓的疾苦。

# 故宮宴

陸月

# 開篇：宮廷冰窖

冰在古時是一種奢侈品，所謂「長安冰雪至夏月則價等金璧」。冰價昂貴，貴在人工「採冰」和「藏冰」都頗費周折。正如《詩經．國風．豳風．七月》所記載：「二之日鑿冰沖沖，三之日納於淩陰。四之日其蚤，献羔祭韭。四之日其蚤，獻羔祭韭。」採冰者在一年中最冷的時節「二之日」的天寒地凍裡鑿冰，然後儘快藏冰於名爲「淩陰」的冰窖中。

明清兩代的紫禁城內建有五座冰窖，其中四座各藏冰五千塊，另一座藏冰九千二百二十六塊。冰窖位於隆宗門外西南向，黑筒瓦元寶脊硬山頂，灰牆無窗，只在山牆兩端各開一門洞，有石級可至窖底，從外面看如同一般的房屋。冰窖爲半地下室式，埋入地下一點五米，窖內淨寬六點三六米，長是十一點零三米，容積有三百三十多立方米。地面鋪滿大塊條石，在一角留有泄水的溝眼，直通暗溝。

宮廷對冬季藏冰和夏日用冰都有明確規定，各衙署官員都按各自級別領取皇帝賜給的冰票，然後憑票領冰，從入伏一直持續到立秋。

清代官窖藏冰主要是供給夏日內廷、行幸、祭祀取用，並頒給八旗王公大臣九卿科道等官。

每年的冬至時節，京城河水結起厚冰，採冰人的工作正式開始。經皇帝下旨選定鑿冰的地點，多在城內的積水潭、什剎海、北海、中海、南海，以及由什剎海流向東南的御河等河湖。緊接著冰窖監督和工部所派官員立即籌備窖冰的各項工作：祭祀河神，派人「涮河」（清除河中的水草雜物），上游開閘放水沖刷，下游關閘蓄水，待水面上漲飽滿結冰。一切準備就緒，只等採冰的最佳時機。在冬季最低的氣溫下凍結的冰厚而實、乾淨、晶瑩透明，可食用。

整個臘月，冰人每天都用帶有雙倒鉤或單倒鉤的矛在冰面上伐冰納窖，按照每塊冰方正一尺五寸的標準，一排排、一行行地劃出來，由專爲皇室運冰的「御冰車」迅速運至冰窖進行儲藏。直到各個窖裝滿，封閉窖門，待次年夏天取用。

明代《明史・志第二十七禮五》記載：
陸月：西瓜、甜瓜、蓮子、冬瓜。

清代《清史稿・禮志四》記載：
陸月：杜梨、西瓜、葡萄、蘋果。

## 薦新食材

杜梨

西瓜

葡萄

蘋果

# 冰食冷飲

冰鎮酸梅湯在清宮夏日久負盛名。

清代宮廷每至夏天，特別是入伏前後，冰食冷飲就提上日程了。

冰在古代是一種奢侈品。

乾隆帝曾有詩云：

浮瓜沉李堆冰盤，晶光雜映琉璃丸。
解衣廣廈正盤礴，冷彩直射雙眸寒。
雪羅霜簟翩珊珊，坐中似有冰壺仙。
冰壺仙人浮邱子，朝別瑤宮午至此。
古人點石能成金，吾今化冰將作水。

宮廷的冰碗用甜瓜、果藕、百合、蓮子、杏仁豆腐、桂圓、葡萄乾等製作，甜瓜去籽和果藕配在一起用冰鎮；葡萄乾等用蜜浸透，澆上葡萄汁，再用冰鎮。在《冰果》中寫道的「以雜果置盤中，浸以冰塊（爲冰果），都中夏日宴飲必備」等，都是當時對清宮用冰的描寫。冰鎮酸梅湯也是久負盛名。這些冰食冷飲，都要放在冰桶或冰箱內的天然冰層裡冰鎮降溫。

▶冰鎮西瓜

▶冰鎮酸梅湯

清代宮廷已經普遍使用以天然冰製冷的冰箱，當時被稱作「冰桶」或「洋桶」，是由古代的盛冰容器——「冰鑒」演變而來的。製作冰箱的材質有黃花梨貼皮、柏木、琺瑯等，其中以柏木多見。冰箱的外觀爲口大底小呈斗狀的方斗形箱體，上面以厚木板爲蓋，腰部上下箍銅二周，冰箱兩側設置了便於搬運的銅環，四條腿足爲硬木活中的鼓腿膨牙做法，足下安托泥，用以隔濕防潮。

這種冰箱不僅外形美觀，而且結構科學合理，與現代冰箱有異曲同工之妙。

在北京故宮博物院現藏的冰箱中，有一對身份特殊的乾隆掐絲琺瑯番蓮紋冰箱。其特殊之處在於它原本是宮廷之物，後被溥儀盜運出宮運往天津寓所，終因體大器重，被就地拍賣了。冰箱被天津名醫陸觀虎先生購得，他的女兒陸儀女士在一九八五年將其捐獻給北京故宮博物院，流失了半個多世紀的國寶才終於又回到了紫禁城。

掐絲琺瑯番蓮紋冰箱從裡到外分別是琺瑯裝飾、木胎和鉛裡。使用時在隔層裡塡冰以達到冰鎮效果，內部透過鉛層隔熱保溫，向外透過蓋面刻製的錢紋孔散發冷氣以降溫。冰箱底部一角有一個小圓孔，冰化的時候用來泄水。

▶清代乾隆掐絲琺瑯番蓮紋冰箱

# 全身是寶的杜梨

在食物匱乏的年代，杜梨還被研磨成粉末，當作糧食來食用。

杜梨別名棠梨、野梨子、土梨，是落葉喬木，枝常有刺。杜梨抗乾旱，耐寒涼，結果期早，壽命很長。杜梨對環境的適應性比較強，生長範圍很廣。中國的遼寧、河北、河南、山東、山西、陝西、甘肅、湖北、江蘇、安徽、江西等地都產杜梨。杜梨樹開著潔白的花朵，甚是清新，其果實個頭小，外觀近球形，結果頗多，表皮有淡色斑點。杜梨果實沒有熟透時，吃起來味道有一絲酸澀；果實成熟後也需要放鍋裡蒸，這樣才能退去其酸澀的口感，變得有些面甜。在食物匱乏的年代，杜梨還被研磨成粉末，當作糧食來食用。

杜梨不僅可以補充人體營養，還能針對消化不良起到促進消化的作用。在古代，士大夫們飯後用杜梨來消食。此外，杜梨含有一定的單寧，用其果實泡酒醇香可口，且對身體有滋補的作用。

雖然杜梨的產地很廣，但是清代皇帝更鍾情於關外

在古代，士大夫們飯後用杜梨來消食。

在食物匱乏的年代，杜梨還被研磨成粉末，當作糧食來食用。

◀蒸杜梨

煎餅炸了一下。沒想到油炸過的煎餅吃起來「咯吱」、「咯吱」的，香酥脆爽，「咯吱」的名字就此流傳下來。

流傳了上千年的咯吱，其做法並不簡單。精選的綠豆，用水泡發、去豆皮，然後用石磨磨成漿，再加水過籮去渣，經過多次後，攪成糨糊狀，緩火攤成圓形薄煎餅。之後再捲成「煎餅捲兒」，切成一個個小段，再下油鍋慢火炸透炸焦，形成「咯吱」的成品。據說，民間百姓逢年過節招待客人、家庭團聚，用咯吱能做一百多道菜，比如醋溜咯吱、燴咯吱、炸咯吱、焦溜咯吱、炒咯吱等。

# 康熙帝與御稻米

康熙帝「自幼喜觀稼穡，所得各方五穀之種，必種之，以觀其收穫」。

「御稻米」改寫了長城以北不能種稻的歷史。

乾隆帝在《御制豐澤園記》中，記述了他的祖父康熙帝發現、試種御稻米的事蹟。他寫道：「西苑（即中海、南海、北海統稱）宮室皆因元明舊址，惟豐澤園爲康熙間新建之所……園內殿宇制度惟朴，不尚華麗，園後種桑樹十株。聞之老監云：『皇祖萬幾餘暇則於此勸課農桑，或親御耒耜……』。」乾隆帝說的正是康熙帝培養御稻米的事。

自明末以來，饑荒、瘟疫、戰亂，使人口大量下降，百姓生活困頓。康熙帝八歲登基，從順治帝手中接過的天下千瘡百孔。康熙帝當政後，平三藩、收臺灣，三次親征噶爾丹，長達近三十年的時間。連年征戰極大地損失了全國的兵力和財力。直到康熙四十年左右，全國才漸漸安定下來。康熙帝認爲，要想國富民強、以農耕立國，必須努力提高農作物產量。

因此，康熙帝在金碧輝煌的西苑內興建了一座青磚灰瓦的豐澤園，作爲他瞭解天下農事的試驗田。就是在豐澤園後的水田中，康熙帝最先發現有的稻穀提早成熟了，於是他每年將早熟的稻穗留做種子待來年播種，終於以「一穗傳」的育種方法，培育成了新的早熟稻。《康熙幾暇格物編》中記到：「其米色微紅而粒長，氣香而味腴，以其生自苑田，故名『御稻米』。」

康熙四十三年，在經過宮廷內部多年的試種之後，康熙帝的「御稻米」開始在直隸、天津試種。大約十年後，康熙帝又選定在蘇州和南京地區試種。第一年由於栽種的日期沒有選好，收穫不豐。第二年及時調整了插秧的日期，收穫比第一年大爲提高。此後又在江蘇省的其他地方試種，很快「御稻米」便在江南普及並實現了雙季稻連作，水稻的種植也推進到了長城以北的地方。

康熙帝培育的御稻米，味道香腴，最大的特點就是抗寒能力強，能夠比當時的普通稻種提前播種。這不但解決了北方無霜期短從不種水稻的問題，還解決了江南幾個省的第一季稻均爲低產糯米的問題。在當時這是一件了不起的大事，在中國農業發展史上也具有重要的意義。

# 慈禧的私廚

慈禧的私廚叫西膳房。

清代末期，慈禧太后有龐大的壽膳房，但她依然設私廚，請廚師。

慈禧的私廚都是有名的廚師，他們各有絕活。

清代末期，慈禧太后有龐大的壽膳房，還設私廚、請廚師。慈禧的私廚叫西膳房，在西膳房擔任首領的是謝太監，其弟謝二及王玉山、張永祥等都效力於西膳房。他們都是有名的廚師，各有絕活，善於製作各種味美的膳食。

謝二，因慈禧想吃油性炸糕被傳入宮，後來留用膳房做蒸炸廚師，拿手的是燒賣。他做的燒賣皮薄如紙，餡的味道更是鮮美可口。有一次慈禧去東陵祭祀，西膳房派人隨行，謝二因有事未能隨行。到了東陵，慈禧想吃燒賣，吃完後覺得味道很差，吃得不香。經詢問後才知道謝二未隨行，燒賣是劉大做的。慈禧盛怒，責怪劉大不用心伺候，打了四十大板，並立即傳旨命謝二火速趕來。

王玉山，在宮內以擅長烹炒而著名，他自創了「四大抓」，即抓炒里脊、抓炒魚片、抓炒腰花、抓炒蝦。

▲雞肉燒賣

◀抓炒蝦

◀瓤冬瓜

他的抓炒特點是外鬆脆、裡鮮嫩，口味略帶酸味，食而不膩。慈禧賜王玉山爲「抓炒王」，因此名震京師，他做的菜也成爲北京名菜。

張永祥，製作菜品精細、色形美觀，在口味上講究清、鮮、酥、嫩。他的拿手菜是瓤豆芽、瓤扁豆、瓤冬瓜等。其中最出彩的當是瓤豆芽：將豆芽菜去兩頭，用銅絲挖空，然後塞進由雞肉或豬肉剁成末製成的餡，再蒸熟。扁豆也是如此，去兩頭，挖出豆粒，放進肉餡，上籠屜蒸熟，味道清香。

▲清代光緒黃地墨彩花蝶紋盤

# 故宮宴

柒月

# 開篇：替萬歲爺用膳

同治帝六歲繼承皇位時，還是個剛剛離開乳母的頑童，但清代宮廷規定的「皇帝日常飲食口份」，並沒有因爲皇帝的年齡小而減少。

同治元年六月初一日的早膳膳單，記載了在長春宮爲同治帝準備的一餐早膳：

「用填漆花膳桌擺鍋燒鴨子一品、肥雞絲一品、羊肉燉豆腐一品、羊肉片燉冬瓜一品、豬肉燉白菜一品、山藥黃燜肉一品、大炒肉燉雞一品（此七品中盤），祭神肉片湯一品（此一品銀盤），後送肉絲燉酸菜一品（三號黃盤），肉片燉榆蘑一品、炒瓠子一品（此二品四號盤），羊肉片燜扁豆一盤、羊肉片溜黃瓜一品、篤鮮茄一品、肉丁豆腐乾醬一盤（此四品碟），白煮塞勒片一品、祭神肉下水一品（此二品銀盤），烹肉一品（此一品銀盤），棗湯糕一品、棗如意捲一品、黃麵餃子一品（此三品黃盤）。隨送羊肉絲冬瓜片麵疙瘩湯、老米膳、老米溪膳、粳米粥、克食二桌、餑餑三品和菜三品一桌、盤肉五盤一桌。」

這些食品別說小皇帝一個人吃不完，就是三五個成年人也吃不掉。實際上，小皇帝並不吃這些豐盛的「美味佳餚」，每次用膳前，御膳太監總是在膳單上寫明「太監張文亮替萬歲爺用膳」。張文亮不僅平時替同治帝吃飯，遇到宮中有節日或萬壽日等仍替同治帝「用膳」。

張文亮是同治帝身邊的一名御前太監，因長著一張圓圓臉並且能說會道，深得慈禧的喜愛。因此，張文亮就被委以替皇帝吃飯的重任。吃畢，張文亮還要替皇帝到母后皇太后慈安、聖母皇太后慈禧面前去謝恩，彙報「皇上進膳好，進得香」。

其實，生在清代宮廷的皇子和皇女，從小都營養不良，因爲他們一生下來就離開母親，由乳母撫養。另外，清代宮廷有一條不成文的規定，嚴格控制小皇子和小皇女的衣食。乳母害怕小皇子和小皇女生病，把古傳的「要想小兒安，三分饑和寒」的說法當成金科玉律，一味地讓他們節食、少衣。同治帝一日兩膳吃的是母后皇太后慈安、聖母皇太后慈禧賜給他的壽膳房食品，如檔案中記載的小米粥、豆沫粥、糙米粥、羊肉絲疙瘩湯、甜漿粥、柳葉湯、麵片湯、豆腐片湯等，都是些容易消化的流食。同治帝六歲繼位到十九歲病逝，都處在長身體的重要時期，僅吃湯粥根本無法飽腹。只不過爲了顯示皇帝的尊嚴，每膳擺樣子罷了。

# 榛仁 野雞

明代《明史・志第二十七禮五》記載：
柒月：菱、梨、紅棗、葡萄。

清代《清史稿・禮志四》記載：
柒月：梨、蓮子、菱、藕、榛仁、野雞。

薦新食材

柒月

梨

蓮子

菱

藕

# 食英

食英習俗歷代相傳，並根據四季不同選取食用。

食英，英即花，食英就是以植物盛開的鮮花烹入肴饌。

在清代后妃營養美容的飲食中，可入食的花多種多樣。

在滿族入關前，其先祖們已經將野生的白芍藥花嫩芽與麵粉混合蒸食，味道甚美。同時榆錢、槐花也如法烹製成爲滿族傳統的美味佳餚，口味鮮香。滿族入關後，在生活方式、飲食習俗上逐漸漢化，但食英習俗卻歷代相傳，並根據四季不同，採集各種植物鮮花，直接入饌或製作飲品。清代宮廷后妃常食的花饌有荷花、玫瑰、桂花、菊花等。

荷花、荷葉、蓮子、蓮藕都是對人體十分有益的滋補佳品。七月宮廷中採蓮摘花十分方便，紫禁城外護城河、西苑、什剎海及頤和園昆明湖等皇家園林，都種有荷花，荷花有多種用途。荷花的花蕊是製造蓮花白酒的原料。據《堅瓠集》記載：「正德間，朝廷開設酒館，酒望云：『本店發賣四時荷花高酒。猶南人言蓮花白酒也。』」蓮花白酒以荷花花蕊製成，有藥用功效，在明代即爲宮廷美酒。到了清代依然是宮中的名酒。

▶蓮子豬肚

▲釀藕

蓮子、藕節、荷葉均可入藥。藕節性平、味澀，有收斂止血的功效；蓮子性平、味澀，有補脾養心、固精的功效；荷葉性平、味苦，有清熱解暑的功效。

藕能生食，也能做成蜜餞小食，還能做糕點、菜餚及製成藕粉。

夏日荷花以綠葉相襯，使人看了賞心悅目。

# 陪皇帝用膳的后妃

乾隆帝多次賞賜蓮子鴨給令貴妃。

蓮子和鴨子，有連生貴子的吉祥寓意。

皇帝用膳後，要把自己用過的膳食對后妃進行賞賜。然而皇帝的賞賜是有目的的，如乾隆帝的第二位皇后那拉氏爲乾隆十五年立的繼後，乾隆三十年南巡途中，突發「輝發那拉皇后娘娘忤上旨，後剪髮，上益不懌」事件，惹得乾隆帝大怒，連夜將皇后送回京城。細心觀察的人可以看出乾隆帝那幾天賞給那拉皇后的飯食是「雜燴」、「軟筋」、「燉白菜」、「炒豆豉」；而同時賞給令貴妃的是「蓮子鴨」、「蒸雞蛋糕」、「大丸子」、「南鮮熱鍋」等。可見皇帝「賞飯食」是一種暗示，不同的菜餚與食品，表達的是皇帝對某人的偏寵與厭惡。

令貴妃是嘉慶皇帝的生母魏佳氏，是清朝第一位十年間懷孕七次，生下了六個孩子且陪伴乾隆帝出巡遊玩次數最多的妃子。據說，令貴妃魏佳氏是吃「蓮子鴨」最多的人。乾隆三十年二月八日，乾隆帝賞令貴妃「蓮

▲蓮子鴨

子鴨」一品，十三日再賞「蓮子鴨」一品。蓮子與鴨子肉配伍營養全面，更富吉祥寓意：「蓮子、鴨子」連生貴子。

乾隆帝不僅多次賞令貴妃魏佳氏蓮子鴨，還破例讓她陪同進膳。乾隆時期，曾有兩個女人侍奉乾隆用膳，一個是孝賢純皇后，另一個就是令貴妃魏佳氏。孝賢純皇后是乾隆帝當皇子時的福晉，乾隆帝繼位後冊封爲皇后。皇后陪同皇帝進膳理所當然。乾隆二十七年七月，乾隆帝外出圍獵，令貴妃因即將臨盆未能隨行，但在九月十六日這天，乾隆帝一行結束圍獵返京途中，命人把魏佳氏接到京郊的南石槽行宮伺候吃飯。由此可見，乾隆帝對令貴妃的偏愛。

# 七夕巧果

七月初七，是古代婦女的「乞巧節」。

生活在宮廷中的后妃們亦有「乞巧」的風俗。

七月初七，是古代婦女的「乞巧節」。在乞巧節這一天，婦女們要藉天上牛郎織女鵲橋相會的時機向織女「乞巧」，乞求一雙靈巧的手。並且將她們親自製作的刺繡、針線及蒸食、雕瓜果等供於桌上，更有「賽巧」的儀式。生活在宮廷中的后妃們亦有「乞巧」的風俗。

唐代宮廷七夕節，宮中用絲織的錦緞搭成高達百尺的乞巧樓，樓上擺設瓜果酒宴。到了晚上，牛郎星與織女星出現，皇帝親臨乞巧樓，向前來祭織女、拜牛郎的妃嬪們賜針線，觀看她們結線穿針。據說，皇帝賜的針有七個孔，誰穿得又快又准，誰就爲巧者，卽乞得巧了。乞巧後，皇帝與妃嬪們通宵飲宴。飲宴饌品皆是御廚所出，他們將花果蔬菜堆雕成美麗的景物圖樣，用米麵製成巧果糕餅，寓意都是爲妃嬪乞巧。

清代宮廷七夕節，亦有供花果、食花果的風俗。祭拜「牽牛河鼓天貴星君」和「天孫織女福德星君」。

七種巧果裝在一個紅色漆食盒內，或作為七夕供品或分贈后妃，是最好的節日禮品。

供品擺有滿族特色的鹿肉、醃肉、鮮菜七樣和傳統的巧果。

據《行文底檔》記載，七月初七，西峰秀色（圓明園）御案供一桌：鹿肉條一品、醃肉一品、巧果七品、江米麵一品、梔子花一品。鮮菜七品：芹菜、香菜、春不老、王瓜、冰茄子、豇豆角、扁豆角。

七夕節晚上，后妃及宮女們紛紛對供案虔誠祭拜，希望得到織女傳授女紅的天工之巧。香燭燃盡後，分食巧果，以多得者爲巧。

巧果是七夕節麵類食品的總稱，其做法是以油、麵、蜜糖爲原料，製作成蓮蓬荷花、蟲鳥金魚、水果花籃等形狀，蒸或炸成各色新奇精巧的巧果子，人們認爲誰吃了巧果，誰就能變巧。

江南盛產糯米，用糯米磨粉做麵坯，經油鍋一炸，膨松脹裂，形似一朵朵盛開的花，吃時可蘸白糖，香甜酥脆，十分可口。

中原地區的農作物以小麥爲主，將面坯染上各種食色，上蒸鍋蒸熟，晾涼後擺在一起，形態各異。

《御茶膳房》檔案中記載，乾隆年間宮廷膳房做的巧果名目繁多，樣式各異，名稱都被賦予吉祥美好的意思，如采芝花籃、太平寶錢、吉祥仙糕、仙葩笊籬、寶塔獻瑞、如意雲果、萬年洪福。七種巧果裝在一個紅色漆食盒內，或作爲七夕供品或分贈后妃，是最好的節日禮品。

七種麵果，取七夕之名。而盛裝七種巧果的包裝——漆食盒的紋飾、盤碗的圖案，也都是以七夕爲主題雕飾的花果紋樣。製作巧果所用的材料，檔案中記載得十分清楚，每一盒巧果（七件）的用料爲麵粉十斤、江米麵二斤、白糖三斤、香油四斤、黃米麵八兩、芝麻八合（合是容量單位，十勺等於一合）、梅橘三兩、青豆三兩、紅豆三兩、澄沙一斤、紅棗六兩、綠豆三兩、紅花水二錢、紅棉紙五張、藍靛二錢。其中麵粉、江米麵、白糖、香油、澄沙、紅棗是製作巧果的基本原料，其餘均用於點綴，如紅豆做成了魚眼，黃米麵做成了花朵，青梅橘餅、山楂等果脯做成了其他零星裝飾，紅棉紙、紅花水、藍靛等則是用於染色。

# 空腹吃燕窩

乾隆帝自中年起，每天早上空腹吃一碗冰糖燕窩，然後才進早膳。

中國最早開始食用燕窩是在明代。

乾隆帝自中年起，每天早上都會空腹吃一碗冰糖燕窩，然後才進早膳。每日早、晚兩膳也有不同口味的燕窩菜，如燕窩肥雞絲、燕窩攢絲肥雞、燕窩蔥燒鴨子、燕窩掛爐鴨子掛爐肉、燕窩芙蓉鴨子熱鍋、燕窩蘋果燴肥雞、燕窩松子雞熱鍋、燕窩酒燉鴨子熱鍋、燕窩蔥椒鴨子熱鍋、燕窩鍋燒鴨子鹹肉絲攢盤等。乾隆帝活到八十九歲無疾而終，與常食燕窩這種補氣滋陰的食物很有關係。

春季金絲燕開始做窩，牠們的口腔裡能分泌出一種膠質唾液，吐出後經海風吹乾，就變成半透明且略帶淺黃色的物質，這就是燕窩。人們把這種燕窩取下來，經過清潔、選揀就成爲名貴的可食用的燕窩。金絲燕的巢穴，多建在熱帶、亞熱帶海島的懸崖峭壁上。清代初期的周櫟園在《閩小記》中提到燕窩時稱：「南人稱燕窩，北人稱燕菜。」

▲冰糖燕窩

▲燕窩雞絲火熏絲瓤平安果

中國最早開始食用燕窩是在明代。相傳鄭和下西洋時，遠洋船隊在海上遇到了大風暴，停泊在一個荒島，食物緊缺。他們無意中發現了藏在懸崖峭壁上的燕窩，於是鄭和就命令部屬採摘，洗淨後用清水燉煮，用以充饑。數日後，船員們個個臉色紅潤，中氣頗足。回國時，鄭和還特意帶了一些燕窩獻給明成祖朱棣。燕窩具有滋陰、潤燥、補中益氣等功效，屬於藥食兩用的滋補品。

《本草綱目拾遺》對燕窩已有較詳細的敘述：「燕臨卵育子時……並津液嘔出，結爲小窩，附石上。久

▲燕窩火熏芙蓉肥雞

▲燕窩鴨絲

之，與小雛鼓翼而飛海。人依時拾之，故日燕窩也。」並記載，燕窩「味甘、淡，平，大養肺陰，化痰止嗽，補而能清，爲調理虛損癆瘵之聖藥。」

清代宮廷所用燕窩均來源於地方的進貢。

# 御廚八珍豆腐秘方

康熙帝請御廚將八珍豆腐的用料及烹調方法寫成御方，賜予江蘇巡撫等寵臣。

康熙帝將八珍豆腐列為自己心愛的御膳菜餚。

康熙帝認為這道菜的豆腐烹調得法，鮮美絕嫩，勝於燕窩。

清代康熙年間，在南方一直流傳著御廚八珍豆腐秘方。據說，這是康熙帝南巡時賞給地方官員的。康熙帝十分喜歡食用材質軟熟、口味鮮美的菜餚，所以清代宮廷御廚便經常用雞、鴨、魚、肉去骨製成菜餚，以討康熙帝歡心。

有一次，膳房御廚取用優質黃豆製成嫩豆腐，加上雞肉末、火腿末、香菇末、蘑菇末、瓜子仁末、松子仁末，用雞湯燴煮成羹狀的菜餚。康熙帝品嘗後，覺得口味鮮美異常，豆腐絕嫩，回味無窮。他認爲這道菜具有兩大特點：一是取用了豆腐、香菇、雞肉等能讓人長壽之物爲原料，可使人延年益壽；二是豆腐烹調得法，鮮美絕嫩，勝於燕窩。又因這道菜用八種原料製成，故賜名八珍豆腐，並將它列爲自己心愛的御膳菜餚。還請宮中御廚將八珍豆腐的用料及烹調方法寫成御方，並將它作爲貴重的禮物，賜予江蘇巡撫宋犖等寵臣。

後來，康熙帝又將八珍豆腐之方賜予尚書徐乾學。徐乾學在取方時，給御膳房銀一千兩。不久徐乾學將此方又傳給門生樓村，樓村又傳給自己的後人。到乾隆時期，此方又傳到了樓村的王姓外甥孟亭太守手上，故又稱爲王太守八寶豆腐，並在北京和江浙地區頗受時人推崇。

清代著名的美食家袁枚在《隨園食單》中記載：「王太守八寶豆腐，用嫩片切粉碎，加香蕈屑、蘑菇屑、松子仁屑、瓜子仁屑、雞屑、火腿屑，同入濃雞湯中，炒滾起鍋。用腐腦亦可。用瓢不用箸。孟亭太守云：『此聖祖賜徐健庵尚書方也。尚書取方時，御膳房費一千兩。』太守之祖樓村先生爲尚書門生，故得之。」八珍豆腐自此廣爲流傳，現在江浙地區仍保留著這道特色菜餚。

# 堅果之王榛子

榛子是七月的薦新食材，清代用榛子薦新，體現了清代皇帝對自己家鄉的熱愛。

開原榛子更是名甲天下，其中以梅家寨產最爲著名，在清代作爲貢品。

榛子不僅香脆味美，還有極高的藥用價值。

中國對榛子樹果實的採集和利用有著悠久的歷史。早在三千年前黃河和江淮流域就已經開始栽培榛子樹和利用榛果了。其中尤以東北的野生榛子樹的果實飽滿精緻、味道香脆且清甜。

宋代的《開寶本草》中有「榛子味甘，生於遼東山谷，子如小栗，早行食之當料」的記載。遼寧鐵嶺榛子，在歷史上就很有名氣。開原榛子更是名甲天下，清代在遼寧開原縣有「御榛園」。據開原縣誌記載：「榛，樺木科，自生山地，種子可食，含油脂最多，味極香，且爲本地有名特產，以梅家寨產最爲著名，前清作貢品。」

由於清代皇室深知開原榛子口味好，責成盛京內務府每年向朝廷進貢榛子醬。清初順治皇帝時，宮廷的王公大臣們從京城來鐵嶺，點名要開原榛子。返京後拿開原榛子進貢給皇帝及后妃。

◀榛子

明代《本草綱目》中詳細記載了榛子「氣味（仁）甘、平、無毒。主治氣力，實腸胃」。現代醫學認爲，榛子對人的適用範圍廣，老人常吃榛子能增強體質、抵抗疲勞、防止衰老；小孩吃榛子有助於生長發育，可以長得更高。總之，榛子是個寶，說榛子是「堅果之王」也不爲過。

# 傳統菜野雞瓜

野雞瓜是冬天特別耐存儲的小菜，清皇室入關前滿洲軍隊作戰時隨身攜帶，十分方便。

野雞瓜不只東北獨有，江南亦有，因輔料有所不同，而顯出不同的地方風味。

在清代皇帝的御膳中，經常能見到佐餐的小菜野雞瓜。野雞[1]又名山雞、雉雞，是東北的特產，也是七月太廟薦新的食材之一。

「瓜齏」是用鹹香瓜瓢、鹹黃瓜或鹹芥菜，與野雞肉丁用油炒製而成的，是冬天特別耐存儲的小菜，清皇室入關前滿洲軍隊作戰時隨身攜帶，十分方便。入關後，清皇室生活雖然得到了很大的改善，但家鄉味道的小菜仍是其偏愛的菜餚。尤其是康熙帝、乾隆帝對野雞瓜更是百吃不厭。

乾隆三十年第四次南巡途中，每到一地，乾隆帝必嘗當地風味，地方官員也緊隨其後奉上當地名廚烹飪的佳味食品。江蘇總督尹繼善兩三天就進獻一次淮揚風味菜餚。乾隆三十年二月二十九日，乾隆帝一行到了蘇州

①現在烹飪不提倡食用野雞，讀者在家嘗試時可選用土雞或三黃鴨等。

香雪海，晚上下榻靈岩山行宮。第二天早膳，總督尹繼善進獻「燕窩白菜粉絲湯一品、酥油野雞瓜一品、酥油炒麵筋一品、銀葵花盒小菜一品、銀碟小菜四品、花椒醬一品」。尹繼善進獻的是地道的淮揚菜，其中「野雞瓜」使用了酥油。

清代《調鼎集》記載了野雞瓜的配料和烹製方法：去皮骨切丁，配醬瓜、冬筍、瓜仁、生薑各丁，以及菜油、甜醬或加辣椒炒。這說明人們食用野雞瓜這道菜在清代已很普遍，它已成爲侯門公府的家常菜了。野雞瓜不只東北獨有，江南亦有，只不過在烹炒「野雞瓜」時因所配的輔料有所不同，而顯出不同的地方風味。

▲野雞瓜

▲《萬樹園賜宴圖》局部

# 故宮宴

捌月

# 開篇：宮廷宴王公自帶酒肉

清太祖努爾哈赤建立的後金國是大清王朝的前身。當時處於「創業時期」的後金經濟吃緊，「素無積儲」，「吃飯」成了最大困難，而「吃」也是戰爭年代的最高禮遇。在努爾哈赤、皇太極時期，經常舉行各種宴會，以團結、籠絡人心：打仗取勝後的犒賞宴與慶功宴、政治聯姻的喜慶宴、降兵投誠的招待宴等。舉行宴會需要酒、肉，皇太極規定八旗官兵自帶酒肉赴宴，如沒有酒肉可帶，就折合成銀兩，此規定一直在清皇室流傳。

順治二年元旦，清代皇室入關後舉行第一次國宴，與宴各旗、大臣仍按官職級別分擔一定份額的酒、肉。順治十年正式規定：元旦、萬壽、冬至三大節筵宴，「親王、郡王各進御前筵席牲酒，外藩蒙古王貝勒等各進御前牲酒。如有不足，禮部與光祿寺增設。御宴由尚膳監供辦，王以下各官桌，由光祿寺備辦」。

康熙二十三年進一步完善宮廷筵宴內容「改滿席爲漢席（皇帝的萬壽宴除外），不用諸銀器。王等停進滿席羊隻，改進漢席。親王各十六席，世子各十四席，郡王各十席，貝勒各六席，貝子各四席，入八分公各兩席」（入八分公爲清朝貴族的一種等級）。

乾隆四十五年再次調整宮廷筵宴內容，太和殿大宴，共擺二百一十席，用羊一百隻，酒一百瓶（每瓶十斤）。皇帝御用桌張由內務府承辦，其他宴桌由王公們按規定恭進，如不符數再由光祿寺負責增備。其規定是：親王每人進八桌，羊三隻、酒三瓶；郡王每人進五桌，羊三隻、酒三瓶；貝勒每人進三桌，羊兩隻、酒兩瓶；貝子每人進二桌，羊兩隻、酒兩瓶；入八分公每人進一桌，羊一隻、酒一瓶。筵宴之前，先行文宗人府，報明大臣的名爵、應進桌張和牲酒的數目，宗人府匯總送禮部核查後奏明皇帝。

宮廷舉行大宴，與宴王公自帶酒肉赴宴是滿族淳樸的飲宴傳統，也是清代宮廷筵宴最大的特色。

# 薦新食材

明代《明史・志第二十七禮五》記載：

捌月：芡、新朱、藕、茭白、薑、鱖魚。

清代《清史稿・禮志四》記載：

捌月：山藥、栗實、野鴨。

山藥

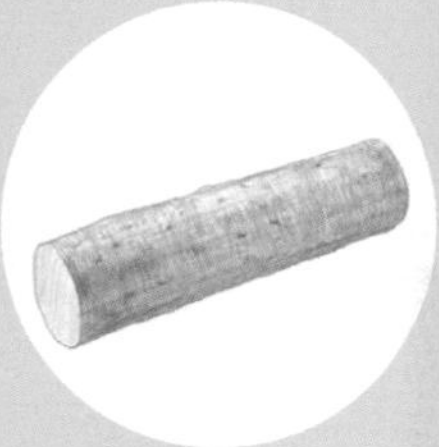

栗實

野鴨

# 乾隆的生日套餐

據說，桃子是仙家的果實，人吃了可以長壽，故桃又有仙桃、壽果的美稱。但是，鮮桃的季節性強，在沒有鮮桃的季節裡，人們就用麵粉做成壽桃給長輩拜壽。

乾隆帝八十九歲壽終正寢，但是他只過了七十和八十兩次旬壽。

乾隆帝的壽辰是八月十三日。

清代皇帝的壽辰稱爲萬壽節，皇太后、皇后的壽辰分別稱爲聖壽節、千秋節。萬壽節成爲清宮裡與元旦、冬至並列的三大節日之一。清代萬壽節最隆重的是皇帝的旬壽大慶，即滿十年的生日，甲子（六十歲）、古稀（七十歲）甚或更高壽，均要隆慶。乾隆帝八十九歲壽終正寢，但是他只過了七十和八十兩次旬壽。這是因爲乾隆帝六十甲子時，七十九歲的母親崇慶皇太后尚健在，他正在籌畫母親的八十大壽。乾隆帝是大孝子，母親八十聖壽，他親捧酒杯爲母親慶壽，並帶領衆皇子皇孫跳舞，爲皇太后聖壽日增加歡快的氣氛，以博皇太后歡心。《臚歡薈景圖冊·慈寧燕喜》描繪了乾隆帝在皇太后生活的慈寧宮內，親自雙手捧觴爲其賀壽的場面。《崇慶皇太后八旬萬壽圖》描繪了六十歲的乾隆帝坐在八十歲的皇太后身邊，爲母親祝壽的場面，闔家歡聚，五代同堂，其樂融融。

▶《臚歡薈景圖冊・慈寧燕喜》

▶《崇慶皇太后八旬萬壽圖》

乾隆四十二年正月，崇慶皇太后以八十六歲的高齡無疾而終。此後，才有了乾隆四十五年的七十歲古稀、乾隆五十五年的八十歲耄耋兩次慶典活動。

乾隆五十五年，紫禁城裡的一件大事就是乾隆帝八十大壽。八月十三日，乾隆帝八旬壽誕日當天，乾隆帝先在太和殿接受文武百官的朝賀，然後在乾清宮舉行盛大的壽宴。

據《乾隆八旬萬壽慶典檔》記載，乾清宮正中擺金龍大宴桌，突出皇帝至高無上的地位。乾隆帝的壽宴桌上，珍饈佳餚豐富多彩，有濃郁的滿族特色，有熱菜二十品、冷菜二十品、湯菜四品、小菜四品、鮮果四品、甘鮮瓜果二十八品、點心及各類糕餅等麵食二十九品，共計一百零九品。大宴桌旁的隨手桌上擺放八個碩大的壽桃，格外引人注目，大壽桃周圍大大小小各種精美別致的子孫壽桃更爲壽宴增輝添色。

御膳房爲祝賀乾隆帝八旬萬壽，特地用八十斤麵爲他蒸烤了八個空心大壽桃，每個壽桃裡面又套裝了九十九個象徵子孫的小立桃。小立桃呈圓饅頭狀，裡面塡豆沙餡、棗泥餡、百果餡，在桃的頂端捏出桃尖，用竹刀或刀背從上至下軋出一個桃形槽來，將桃尖略微彎曲，再把桃尖染成紅色，立桃的形象十分逼眞。

據說，桃子是仙家的果實，人吃了可以長壽，故桃又有仙桃、壽果的美稱。但是，鮮桃的季節性強。在沒有鮮桃的季節裡，人們就用麵粉做成壽桃給長輩拜壽。無論老人的生日在哪個季節，都能把壽桃獻給老人，祝福老人健康長壽。

壽桃作爲常見的壽禮，反映了人們追求延年益壽的普遍心理。清代初期，康熙帝確定了爲皇帝隆祝萬壽的標準，到乾隆時期，鑒於乾隆帝期盼長壽的強烈欲望和迫切心情，不僅大搞普天同慶的祝壽活動，打破了康熙時期定的標準，還在壽宴上大搞立桃桌，成爲宮廷帝后祝壽的濫觴。

# 清代宮廷的中秋宴

宮內中秋節較有特色的就數宮廷月餅。

乾隆時期，中秋宴在乾清宮舉行。

清代宮廷重視中秋節，是宮中的第四大節。

清代宮廷重視中秋節，在乾隆時期卻是個例外。因爲乾隆帝的壽辰是八月十三日，也就是中秋節的前兩日，所以對皇帝萬壽宴較中秋節更爲重視。從乾隆時期《清宮御膳．節次照常膳底檔》的記載得知，從八月初一開始，宮中就進入皇帝萬壽日的前奏，每天早晚兩膳都擺上有壽桃的餑餑桌，八月十三日的壽宴更達到高潮。壽日過後，膳桌上才出現月餅。中秋節是一年過半的豐收節日，人們用各種祭祀活動來慶祝勞動帶來的收穫。祭祀之後，歡聚暢飲，分享辛勤勞動的成果。因此，中秋節是豐收節、收穫節，要好好地熱鬧一番。

清代宮廷的中秋宴，是時令節日中較熱鬧的節日之一，僅次於宮中的冬至、元旦、萬壽三大節。乾隆時期，中秋宴在乾清宮舉行。乾清宮正中寶座臺上擺皇帝的金龍大宴桌，桌上餐具爲金盤、碗，酒饌四十品，擺成五路，每路八品，有關東鵝、野豬肉、鹿肉、羊肉、

▲中秋月餅

魚、野雞、肘子等製成的菜餚及蜜餞、水果等。寶座台下妃嬪們酒饌十五品、葷菜七品、果子八品。

清晚期，宮廷筵宴菜品一改樸實簡單的菜名，出現了用燕窩拼吉祥語作菜品名字的現象，如慈禧時期的中秋節家宴，有冷菜（涼菜）四品、熱菜四品、懷碗菜四品、大碗公菜四品和兩個片盤（烤鴨、烤乳豬）。其中四品大碗公菜是：燕窩「慶」字金銀鴨子、燕窩「賀」字什錦雞絲、燕窩「中」字三鮮肥雞、燕窩「秋」字海參燜鴨子，四品菜集在一起是「慶賀中秋」的吉祥語。

宮內中秋節最有特色的就數宮廷月餅。清代宮廷月餅種類繁多，有用香油和麵製成的香酥皮月餅，也有用精煉後的奶油和麵製成的奶酥油月餅，還有豬油和麵的月餅。月餅的餡料也很豐富，有糖餡、果餡（蜜餞果脯）、澄沙餡、棗餡、芝麻椒鹽等甜鹹餡。

據《清宮膳食檔案》記載，御茶房在八月十五日的前後幾日都要趕製月餅，所用木模都爲宮廷獨有，月餅木模圖案各異，其尺寸從直徑三寸到兩尺大小不等。宮中的自來紅、自來白和翻毛月餅不用木模，但要用鮮豔的顏色做印記。

清代宮廷中秋宴後，還會在乾清宮前設供案，擺如意月供祭月。當月亮升到天空正中時，皇帝焚香祭月。香盡，送（焚燒）月光碼、撤供。之後，皇帝一家人團坐，飲桂花酒、吃月餅、賞明月。

# 康熙帝的養生之道

康熙帝是一位知識廣博的君主，他不僅精於治國，還深悉醫理、講求養生。

康熙帝非常節儉，他滿足於最普通的食物，鼓勵年老者常吃蔬菜。

凡人飲食之類，當各擇其宜於身者……

每兼菜蔬食之則少病，於身有益，所以農夫身體強壯，至老猶健者，皆此故也……

諸樣可食果品，於正當成熟時食之，氣味甘美，亦且宜人。如我爲大君，下人各欲進其微誠，故爭進所得出鮮果及菜蔬等類，朕只略嘗而已，未嘗食一次也。

必待其成熟之時始食之，此亦養身之要也。

——《庭訓格言》

在康熙帝看來，爲了養生、爲了預防疾病，「節制飲食，謹慎起居，實卻病之良方也」。要想延年益壽，在日常飲食上，就不能亂吃，而是要「各擇其宜於身者」，選擇適合自己吃的食物。

康熙帝曾指出，南北地區差異很大，生活習俗各異，人與人的腸胃也有所差別，導致人們在飲食上也各

◀雞油白菜

◀年年糕

有不同。因此，在飲食選擇上，不同的人一定要各有側重。所謂「各人所不宜之物，知之當永戒」，就是對於不適合自己吃的食物，一定要謹記在心，不能貪嘴。即使對於「宜於身者」，也「不可多食」，否則胃口吃不消，身體也會生病，不利於養生。

到康熙晚年，他根據自己嚴選食材的飲食生活習慣還提出了一條特別針對老年人的飲食理念——「高年人飲食宜淡薄，每兼菜蔬食之則少病，於身有益」。他看到民間百姓年老的人仍在田間耕作，十分感慨：「山翁多耄耋，粗食並園蔬。」「淡泊生津液，清虛樂有餘。」這與他在《庭訓格言》中提倡的清淡飲食、粗茶淡飯對身體有益的觀點相同。康熙帝雖然提出了飲食宜清淡的主張，但對肉類並不拒絕。在日常的飲食中，肉類、蛋類製品也是需要定量補充的。

法國傳教士白晉在他撰寫的《康熙皇帝》一書中也描繪了康熙帝每日的膳食情況：「他滿足於最普通的食物，絕不追求特殊的美味。而且他吃得很少，在飲食上從未看到他有絲毫鋪張浪費的情況」。所謂的普通食物，無非就是豬、羊、雞、魚等普通肉類，而我們想像中專屬帝王的山珍海味，事實上康熙帝是很少吃的。

康熙帝不吸菸，不飲酒，不多食、不貪食，也不信所謂方士的「長生方」。康熙皇朝的一年宮廷用度，不到晚明的十分之一。

# 千果之王栗子

栗子桂花糕調理了慈禧的身體，補益氣血、健脾和胃。

乾隆帝更愛栗子雞。

千果之王的栗子被列為古代五果之一。

栗子，其味甘性溫，甜糯爽口，有「千果之王」和「木本糧食」的美譽。栗子是八月薦新食材之一。

《黃帝內經》所宣導的飲食原則是五穀爲養，五果爲助，五畜爲益，五菜爲充。其中五果指棗、李、杏、栗、桃五種果實，栗子是其中之一。中國是栗子的故鄉，栽培栗子的歷史悠久，可追溯到西周時期。《詩經》有云：「栗在東門之外，不在園圃之間，則行道樹也」；《左傳》也有「行栗，表道樹也」的記載，說明在當時栗樹就已被植入園地或作爲行道樹。在西安半坡新石器時代遺址中，已發現有栗子的實物遺存，距今已有六千多年的採食歷史。

栗子可以生吃、熟吃，也可以做菜餚、煮粥等，其中流傳最廣的是「糖炒栗子」和「栗子雞」。乾隆帝寫過一首《食栗》的詩，內容是對糖炒板栗的描述。

▶栗子燉豆腐

▶栗子雞

小熟大者生，大熟小者焦。大小得均熟，所恃火候調。

惟盤陳立幾，獻歲同春椒。何須學高士，圍爐芋魁燒。

乾隆帝更喜歡吃栗子雞。御膳檔案中經常有栗子雞的記載。栗子養胃健脾、補腎強筋，有活血之功效；雞肉溫中益氣、益五臟、補虛損。栗子與雞配伍，既有營養，又有助於消化，對身體是非常好的。

宋代蘇東坡晚年腰腿痛，重視食療，他養成了暮年食栗的習慣。每天早晚將栗放在嘴裡嚼出白漿，然後分幾次慢慢吞咽入腹，久而久之，其病自癒。南宋陸遊晚年有齒根浮動之症，他深諳此屬腎虛所致，晚食栗調治。

清代晚期，兩次垂簾聽政的慈禧身體多病，由於脾胃虛寒引起了腹瀉溏便。雖御醫每日診脈，卻不見好轉。爲此，內務府向全國各地懸賞名醫爲她看病，蘇州名醫曹滄洲被舉薦進宮。曹滄洲在蘇州臨行前帶了蘇州的兩樣特產——松仁粽子糖和桂花栗子糕。慈禧看到粽子糖眼前一亮，認爲「粽子」和「衆子」發音近似，能使清晚期同治、光緒無子嗣的煩惱得到緩解，感到病狀好了一半。曹滄洲又爲慈禧獻上了他帶來的桂花栗子糕，粉質細膩、香糯可口，使得慈禧食欲大振。慈禧經桂花栗子糕的調理，脾經和胃經得到滋補，進而達到了補益氣血、健脾的功效。僅一個多月的時間，慈禧的病情便有了好轉，面容紅潤，神清氣爽。

爲此，名醫曹滄洲得到了重重的賞賜，身價倍增。但是，他治得了慈禧身體的病，卻治不了慈禧的心病。清代同治、光緒及遜帝溥儀都無子嗣。慈禧的心病只能是一生的遺憾。

# 蘇造肉

乾隆帝曾六下江南，深為江南美食所吸引。

清代宮廷曾設「蘇造局」，「蘇造」味美多樣，後來名滿京城。

在清代宮廷御膳中，「蘇造」的烹飪菜品很多，有蘇造肉、蘇造肘子、蘇造丸子、蘇造鴨子、蘇造雞、蘇造醬等。「蘇」是指蘇州，「造」同「灶」，是指廚房。清代宮廷曾設「蘇造局」，「蘇造」味美多樣，後來名滿京城。

乾隆帝曾六下江南，當時蘇州織造府的官員爲討好乾隆帝，特派織造府廚師張東官跟隨皇帝，隨營供膳。後來乾隆帝把張東官帶回京，在御膳房做了十九年御廚。蘇造肉是張東官較爲擅長的菜餚之一，在宮廷中流傳至清末，成爲清宮御膳房的主打菜餚之一。蘇造肉精選紅白相間的五花肉，切成方子，做法與燜肉略同，不同之處是多用酒、香料重、軟爛湯多。吃起來的特點是肥而不膩、瘦而不柴、入口即化、軟糯留香。

辛亥革命後，御膳房大部分廚師流落民間，宮廷蘇造肉的製作方法也流入民間。

「蘇造肉」精選紅白相間的五花肉，切成方子，做法與燜肉略同，不同之處是多用酒、香料重、軟爛湯多。

民國時期，在紫禁城外西北角的城隍廟，有一家專賣蘇造肉燉火燒的店鋪，掌櫃姓周，所做蘇造肉肉爛湯濃，很是有名。暫住在紫禁城裡的遜帝溥儀和皇后婉容也愛吃蘇造肉，他們想吃時就到周家鋪子來取。因爲溥儀覺得這家鋪子的蘇造肉比御膳房做得口味更好。

▲蘇造肉

# 故宮宴

玖月

## 開篇：九月洞庭橘子

清代初期，皇帝所食用的穀、果、菜、魚等類食品，分別由全國各地進貢。爲了皇帝有充足的甘鮮果品，順天府、保定、河間、廣寧、盛京、南苑都設有果園。在安肅縣設西瓜園，每年將所收穫的果品交與菜庫管理（康熙三十三年設）。

根據清代宮廷檔案記載，皇帝派往各地的官員經常向皇室進「鮮」，卽異地的、應節的新鮮食品。

康熙年間任蘇州織造李煦是皇帝的心腹，在他定期給康熙帝的奏摺中，有很多是李煦向康熙帝進獻新鮮果品的。

李煦所獻果品及特產都是康熙帝所喜好的，而這些果品，大多兼具食性與藥性，如康熙五十年九月十五日，進獻南方洞庭橘子等秋令果品。

太湖洞庭山是中國緯度最北的柑橘產地。

早在唐代太湖洞庭山就有了栽培柑橘的歷史。白居易在蘇州任職時，曾把洞庭紅橘作爲貢品獻給朝廷。他在《揀貢橘書情》一詩中寫道：

洞庭貢橘揀宜精，太守勤王請自行。
珠顆形容隨日長，瓊漿氣味得霜成。
登山敢惜駑駘力，望闕難伸螻蟻情。
疏賤無由親跪獻，願憑朱實表丹誠。

宋代安化郡王用洞庭山的橘子釀酒，名之曰「洞庭春色」。

洞庭紅橘有早紅、了紅、朱橘等十幾個品種。「早紅」屬早熟品種，皮薄而味美，上市比其他的橘子要早，很受歡迎。洞庭紅橘不僅味道鮮美，橘皮還含有揮發油能增進食欲，幫助消化。

明代《明史・志第二十七禮五》記載：
玖月：小紅豆、栗、柿、橙、蟹、鯿魚。

清代《清史稿・禮志四》記載：
玖月：柿、雁。

# 薦新食材

# 柿 雁

櫻桃肉是張東官的拿手菜。

乾隆帝常吃的櫻桃肉，實際與櫻桃無關。

# 櫻桃肉中無櫻桃

櫻桃肉的做法南北有別。

乾隆帝御膳中常看到記有「櫻桃肉」一品，很多人第一次聽到菜名以爲是櫻桃和肉一起製作的美味，實際上櫻桃肉與水果櫻桃毫無關係。這道菜餚據傳是蘇州大廚張東官的拿手菜，按照蘇幫菜的做法：將半尺見方的一塊五花肉小火慢煮到五成熟，然後把肉晾涼。肉皮朝上，橫切五刀、豎切五刀。刀口深淺一致，刀下在皮與肥肉層之間，肥肉下的瘦肉保留完整。接下來整塊肉加鹽、糖、醬油、蔥、薑及紅麴米粉等調料，上焐缸中「焐」一夜，直到「焐」得肉皮及連著的肥肉受熱緊縮，恰似二十五顆圓鼓鼓的櫻桃，色澤紫紅，肥肉下的瘦肉酸甜酥香。

在北京，這道菜餚亦用北方做法，就是把「焐」變成油炸，當刀口處炸得膨裂，呈現出一顆顆圓鼓鼓的櫻桃狀，然後把肉塊兒放進用鹽、糖、醋、醬油、蔥、薑、紅麴米粉勾汁的容器中微火慢煨，待到汁液充分收進肉裡。一道色香味俱佳的「櫻桃肉」就做成了。

▲櫻桃肉

# 九九重陽圍場過

九月九日重陽節，清代宮廷應節食品是重陽花糕。

清代皇室以「馬上得天下」著稱，康熙、乾隆二帝更是注重騎射武功。

清代帝后對傳統節日的食品非常重視。

九月重陽是秋天收穫的季節，古人以九月黍穀成熟，使用這些蒸成糕點祭祀先人，並薦神嘗新。重陽糕的原型就是古人在春秋兩次社祀中用以奉享祖神的祭物。北齊人杜台卿曾在《玉燭寶典》中寫道：「其時黍秫並收，以因黏米嘉味，觸類嘗新，遂成積習。」到了唐代，重陽糕又演化成三軍士兵的乾糧。唐德宗時，曾規定以「二朔」、「上巳」、「九月九」爲歲時三節令，在重陽登高的同時，鼓勵人民講武習射，鍛煉騎術。此後這一風俗歷代相傳，一直沿襲到清代。

清代皇室有「馬上得天下」的說法，康熙、乾隆二帝更是注重騎射武功。康熙帝建立木蘭圍場，每年都到圍場借木蘭秋獮之名進行軍事演習。乾隆帝效其皇祖尚武精神，幾乎也每年都到木蘭圍場操練軍事。每到盛夏，乾隆帝侍皇太后，率皇后、嬪妃、皇子等以及王公大臣開拔木蘭圍場，直到秋末冬初才返回紫禁城。這期

▶重陽花糕

間的八月中秋、九九重陽等節日都是在木蘭圍場度過。木蘭圍場的環境雖比不上宮廷，但時令的應節食品一應俱全。

乾隆三十一年九月初一，隨行的大批人馬中，御膳房是一支龐大的隊伍。九月九日是傳統的重陽節，自九月初三起，宮中餑餑就換成花糕。留守在宮內的令妃、愉妃令外膳房製作各種餡料的花糕，三天裝一次箱，以備皇帝、皇太后、皇后等人食用。據檔案中記載：「令妃、愉妃恭進皇太后雞蛋松仁餡花糕八塊、豬油澄沙餡花糕八塊、奶酥油果餡花糕八塊、奶酥棗餡花糕八塊，共裝一柳條箱。」同時恭進皇帝的花糕數量是皇太后的一倍，裝了兩柳條箱。恭進皇后的花糕同皇太后一樣，也是一柳條箱。三天後，令妃、愉妃又恭進皇太后爐食餑餑一柳條箱，皇后同皇太后，皇帝則爲兩柳條箱。直到重陽節過後，宮中的花糕才停止製作，但恭進餑餑仍如前。從這些記載看出清代帝后即使在行宮，對傳統的節日食品製作也不會馬虎。

◀《乾隆皇帝圍獵聚餐圖》

# 羊西爾占

羊西爾占有團團圓圓的吉祥寓意。

乾隆帝的容妃有專門為其伺候的清真廚師。

羊肉是清代皇帝御膳的主要食材，御膳房的廚師烹製羊肉菜餚花樣繁多，如羊西爾占、它似蜜、烤全羊、燒羊肝、烹羊肚、羊渣古等，其中滿族傳統名菜羊西爾占是最受乾隆帝喜食的菜餚之一。羊西爾占是滿語音譯名，是羊肉剁成肉糜，製成丸子狀的菜餚，有團團圓圓的吉祥寓意。羊西爾占好吃味美，乾隆帝不僅自己喜食，還經常用來賞賜給他寵愛的容妃食用。

容妃是維吾爾族人，生於雍正十二年。她是派噶木巴爾的後裔，世居葉爾羌，即今新疆維吾爾自治區塔里木盆地西南部的莎車。

乾隆二十三年，清朝大軍征討霍集占到達葉爾羌，容妃的叔叔額色尹攜同圖爾都及其堂兄瑪木特也奔赴葉爾羌，配合清軍作戰。乾隆二十四年平定了大、小和卓木叛亂之後，額色尹、瑪木特被乾隆帝召入京師，分別加封爲輔國公和一等台吉。圖爾都入京後，也封爲一等

台吉。乾隆二十五年二月初四，圖爾都的妹妹進宮，封號「和貴人」，之後又晉封爲「容嬪」、「容妃」。也就是民間傳說中的「香妃」。

容妃在宮中深得乾隆帝寵愛。爲了尊重她的民族特點，允許她在宮裡穿維吾爾族服裝，並特請多名淸眞廚師爲她供膳。乾隆帝外出巡視，凡有皇后、妃、嬪們陪同，總能見到容妃的身影。據記載，乾隆三十年南巡、乾隆三十六年東巡，容妃都跟隨乾隆帝一同前往。

乾隆三十年二月初三至四月初七，容妃跟隨乾隆帝南巡，一路上遊歷了泰山風光，拜謁了曲阜孔廟。容妃的膳食也受到了乾隆帝的格外賞賜，有羊肉絲、米麵餑餑、素雜燴、水筍絲、茄子干、糖醋鍋渣等。特別是羊西爾占這道菜餚，在乾隆帝巡行的兩個月中竟賞給容妃十五次之多。從皇帝給後宮妃嬪的賜膳就能看出皇帝的心思，哪位妃嬪得寵一目了然。

# 慈禧最愛的菊花火鍋

秋天食菊花是清代后妃的節令食品。

慈禧太后秋季最喜食菊花火鍋。

菊花既可當食物又可當藥材。

一提起「菊花火鍋」，人們就會想到清晚期的慈禧。其實，「採菊東籬下」的陶淵明在吃火鍋時，總會在火鍋中放上幾朵菊花，菊花火鍋自魏晉到唐朝一直延續下來。

徐珂在《清稗類鈔》中記載菊花火鍋流行的盛況：「京師冬日，酒家沽酒，案輒有一小釜，沃湯其中，熾火於下，盤置雞魚羊豕之肉片，俾客自投之，俟熟而食。有雜以菊花瓣者，曰菊花火鍋，宜於小酌，以各物皆生切而爲絲爲片，故曰生火鍋。」

菊花自古以來被譽爲「長壽花」具有較高的藥用價值。《神農本草經》中就把菊花列爲上品並這樣寫道：「主風，頭眩腫痛，目欲脫，淚出，皮膚死肌，惡風濕痹。久服，利血氣，輕身，耐老延年。」

以菊花入食更是源遠流長。菊花氣味芬芳，綿軟爽口，是入肴佳品。吃法也很多，可鮮食、乾食、生食、

▶菊花火鍋

熟食，燜、蒸、煮、炒、燒、拌皆宜。最早可見於屈原《離騷》中的名句「朝飲木蘭之墜露兮，夕餐秋菊之落英」。菊花的妙處也被古人認知，接踵而來的菊花粥、菊花茶、菊花羹、菊花糕、菊花酒也是廣爲流傳，深受人們的喜愛。

秋天食菊花是清代后妃的傳統之一。食用菊花火鍋清心敗火，滾燙的火鍋飄蕩著菊花獨特的清香吸引著宮廷內外的人們，爭食菊花火鍋成爲一道亮麗的風景。

清末的慈禧非常注重養生，她的中藥知識豐富，對菊花的妙處自然瞭解很多，對其營養價值是了然於胸。更是對菊花火鍋情有獨鍾。德齡《御香縹緲錄》中有這樣的記載，慈禧太后摯愛的菊花火鍋，使用的是一種名叫「雪球」的菊花，這種菊花花瓣短密，清香潔淨，宜於煮食。書中還提到，御膳房將準備好的雞湯或者肉湯，盛放在銀壽字火鍋裡。再將削去皮骨切得很整齊的生魚片、生雞片等擺放在幾個銀盤裡，隨後再將菊花瓣放到兩個銀盤裡，加上盛著醬醋等調料的味碟……。

清代宮廷后妃食鮮花，也將花粉一起食用，是一種傳統的飲食習慣，既能起到養生的作用又能有很好的美顏功效。

# 柿子

柿子不僅寓意好，還能充饑。

柿子是清代宮廷九月的薦新食材之一。

柿子是中國的原產水果，有淺黃色、橘紅色等，口感綿甜，深得人們喜愛。柿子除了味道好外，更多的是柿子所代表的吉祥喜慶的美好祝願，「柿」諧音「事」，有「萬事如意」「諸事順心」等意涵。柿子在霜降後成熟，紅似焰、黃抹金，此時的柿子皮薄味甘，汁水豐盈，尤爲誘人。北宋詩人張仲殊曾這樣讚美柿子：「味過華林芳蒂，色兼陽井沈朱。輕勻絳蠟裡團酥，不比人間甘露。」柿子含有豐富的維生素，有清熱潤肺的功效。

其實，柿子對人們更大的貢獻是可以代糧充饑，緩解缺糧的問題。明代《嵩書》中載有：「戊午大旱，五穀不登，百姓倚柿而生。初冬削柿作餅，鬻錢完賦，即以批曝於雜橡實、荊子磨麵作糊啖之，遂免流移。」說的是，元末明初時期自然災害頻繁，朱元璋在做皇帝以前曾親身體會到柿子能代糧充饑。有一次朱元璋餓得頭

昏眼花，四肢無力。突然眼前一亮，發現廢墟上的一株柿樹上結滿了金燦燦的柿子。朱元璋爬到樹上摘柿子吃，得以果腹。朱元璋當了皇帝後，再次經過那株柿樹，想到這株柿樹曾救過自己，便把身穿的紅色戰袍披在柿樹上，封它爲「淩霜侯」。

根據《撫郡農產考略》記載：「柿糠山西省人常爲之。光绪戊寅年。光緒戊寅年。晉省大饑。黎城縣民賴柿糠全活。無一餓斃者。」由於王朝宣導發展，在自然災害頻繁的北方山區，幾乎戶戶栽植柿子樹。

柿子有圓形、扁圓形，下有方形柿蒂承托，柿蒂紋這種圖案貫穿著人們對家內平安、宅基穩固的祈願。清代皇帝把這個圖案也用在朝服胸前，有結實、牢固的寓意。

# 故宮宴

拾月

## 開篇：清帝大婚

清代只有皇帝結婚能稱爲「大婚」。皇帝大婚，要舉行隆重的納采禮、大征禮、冊立禮、奉迎禮、合巹禮。這些禮儀活動，都要擺宴桌，使用帶喜字的金、銀、玉、瓷餐具。

皇帝舉行大婚典禮後，要行合巹宴。合巹宴桌是「黃地龍鳳喜字紅裡膳桌」，桌上擺赤金雙喜字金大盤、赤金雙喜字碗、赤金雙喜字盤、黃地彩百子瓷碗、赤金碟、赤金雙喜字小碟、赤金鑲玉箸、赤金雙喜字勺、紅地金雙喜字瓷盤、赤金雙喜字暖鍋、赤金鍋墊……琳琅滿目的金、玉、瓷餐具，紅色、黃色相互輝映。喜氣洋洋的合巹佳宴，是幸福、美滿的象徵，是對夫妻和睦、白頭偕老的祝福。

一九二二年，遜帝溥儀結婚時已進入民國，他的結婚禮儀處處比照光緒帝。但由於資金緊缺，講究不起，也只好「將就」了。據中國第一歷史檔案館藏《溥儀大婚檔》記載，溥儀結婚的合巹宴仍舊在坤寧宮東暖閣的洞房進行，合巹宴餐具有「金合巹壺成對，金合巹杯成對，金湯勺、板勺成對，金鑲象牙箸兩對，金叉兩對」，「空（挖）單（即餐巾）兩件，銀壺、銀盃盤兩對，銀鑲象牙箸兩對，銀勺兩件，銀叉兩件」。

按照民間習俗，新婚夫婦入洞房後要喝交杯酒，吃子孫餑餑、長壽麵，取其子孫滿堂、夫妻白頭偕老之意。清代宮廷皇帝大婚，除合巹宴外，也有吃子孫餑餑、長壽麵的儀式。從檔案記載得知，光緒帝吃子孫餑餑、長壽麵用的是四只金蓋黃地五彩百子碗，溥儀用的是兩只白地五彩龍鳳碗。宮廷與民間有著十分相近的風俗習慣。不同的是，宮廷用具較民間要奢侈、講究一些。北京故宮博物院現珍藏著溥儀合巹宴吃子孫餑餑、長壽麵用過的白地五彩龍鳳碗、銀鑲象牙箸等餐具。雖說這些餐具在材質、色彩、紋飾上不如光緒帝大婚時的精細，但比起民間使用的器具還是豪華得多。

▲清代乾隆碧玉鷹熊合巹杯

▲清代犀角雕鷹熊合巹杯

明代《明史·志第二十七禮五》記載：
拾月：木瓜、柑、橘、蘆菔、兔、雁。

清代《清史稿·禮志四》記載：
拾月：松仁、軟棗、蘑菇、木耳。

## 薦新食材

松仁

軟棗

蘑菇

木耳

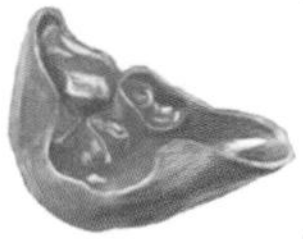

# 「山珍」

蘑菇被清帝稱為「山珍」，每餐必備。

蘑菇是清代宮廷十月薦新的食材。

蘑菇被譽為是集天地之精華，採天地之靈氣的人間珍品。

蘑菇不僅種類多，產地十分廣泛，而且營養豐富，味道鮮美，深受人們的喜愛。《呂氏春秋》中「味之美者，越駱之菌」就寫出了古人對食用菌這一美味的厚愛。

清代皇帝稱蘑菇爲「山珍」，宮廷御膳中每餐必備蘑菇菜餚，如蘑菇冬筍白鴨子、燕窩蘑菇鴨子、蘑菇冬筍鍋燒雞、雞肉香菇餡燙麵餃、鴨子蘑菇餡提褶包子、鴨子蘑菇餡燒賣等。

清代晚期，慈禧壽膳房廚師劉福泉十四歲進宮在御膳房當差，承做素席「四四到底」：四壓桌、四冷盤、四炒菜、四大件，皆以蘑菇爲主要食材。

清皇室入關後雖然住在京城，但依然保持著祖先味蕾的記憶，喜歡吃東北發祥地的山珍品且消費量非常驚人。據檔案記載，大到上千斤的江魚，小到榛子、松子、蘑菇、木耳；稀有的像東北虎皮，常見的如野韭菜、山里紅；甚至還有海東青等，五花八門，應有盡

▲口蘑雞絲麵

有。其中對東北產的蘑菇最爲喜愛，如松蘑、榛蘑、油蘑、白蘑、紅蘑、元蘑、青蘑、榆黃蘑、灰蓋蘑等。

除東北三省進貢以外，還規定江西、湖南、四川、廣東、浙江等地每年進貢香菇、茶樹菇、草菇等，以滿足宮廷御膳的需要。

# 老虎菜？勞苦菜？

這是一道勞苦大眾吃的重口味的「勞苦菜」。

乾隆帝也常吃老虎菜。

老虎菜曾是清苦人家的下飯菜。

老虎菜現在在餐館也時常見到，關於老虎菜有很多傳說。有的說，這道菜是中國東北一個不會做飯的媳婦發明的。早年間一戶人家娶了一位不會做家務，只會耍嘴皮子的兒媳婦。婆婆想難為她，讓她用家裡僅有的辣椒、黃瓜做道菜。她雖然為難，但嘴上仍逞強說自己能做。她將辣椒、黃瓜洗淨，又找來大蔥、香菜等切絲，加鹽拌在一起，端上桌。婆婆嘗了一口兒媳婦「自創」的菜餚，香辣、清爽挑不出毛病，不禁感嘆道：「兒媳婦，妳可眞虎啊。」虎，在東北方言中指人傻、缺心眼。於是，後人們就將這道菜稱為「老虎菜」。

東北冬季漫長，蔬菜少。吃了一整個冬天蘿蔔、白菜的東北人，到了春夏季節都會做簡單的蘸醬菜換口味。新鮮的黃瓜、辣椒、香菜、大蔥是餐桌上不可或缺的蘸醬食材。有的人也會將各種蔬菜加點調味料拌在一起，吃起來開胃又爽口。當時許多人生活清苦，肚子裡

▲老虎菜

沒有油水，稱這種口味重的下飯菜為「勞苦菜」。

此菜清爽開胃，不僅在民間流行，在清代乾隆時期的御膳中也很常見。

乾隆三十年春天，乾隆帝一行南巡，在《御茶膳房·江南節次照常膳底檔》的記載中，多次出現「拌老虎菜一品」。可以想像，乾隆帝春季南巡途中，經過的德州、徐州、揚州、蘇州等聞名天下的美食之都時，天天品嘗地方美食，如燕窩紅白鴨子、炒雞大炒肉、燕窩雞糕燉鴨子、燕窩燴糟鴨子、燕肥雞燒麅肉、羊烏叉燒羊肚、蓮子豬肚、鹽煎肉等，吃多了肥膩菜餚，搭配一品清爽、開胃的「拌老虎菜」是非常合適的。

# 御膳食品源於民間

鍋塌雞是清代中期皇帝御膳膳單中經常出現的一品菜餚。

把酥脆食材再入鍋煎蒸回軟謂之「塌」。

鍋塌雞是清代中期皇帝御膳膳單中經常出現的一品菜餚。「鍋塌」原是山東民間的一種傳統烹飪技法，早在明代就有記載，後來傳入宮廷，成爲宮廷御膳經典做法。

明代時山東膠東一帶嗜食海味，這裡的廚師們都以善於製作海味聞名，尤其當地的女廚更是烹飪海味的高手。相傳，膠東福山縣有一位富豪，他特地聘請了當地很有聲望的廚娘主灶。一日廚娘外出回來遲了，主人急著開飯，她就把烹製的油煎黃魚送上了餐桌。主人正要食用，見魚未煎透，十分不滿，讓廚娘重新烹製。廚娘想，原魚再煎色會變重，重新製作時間又長，於是她想到另一種做法。她在鍋中放蔥、薑、花椒、八角等調料烹鍋，加湯調汁，將黃魚放入湯鍋中「塌」至汁盡入味，然後出鍋。等端魚上桌時，主人見軟嫩的黃魚色澤金黃、香氣濃郁，就急不可待地進行品嘗，魚剛一入清代宮廷御膳食品源於民間，又高於民間。

◀鍋塌雞

口，便覺味鮮醇厚，與往日迥異。主人問廚娘如何製作，廚娘回答：「將原魚放回鍋內塌了一下。」從此以後，鍋塌這種將煎炸與煨燉複合使用的烹飪方式便廣爲流傳，成爲中國傳統的「油傳熱」烹飪技法之一。清代宮廷御膳食品中有很多烹飪技法都是吸取各地名優之作得來的。

其實，宮廷御膳中「鍋塌」烹飪的菜品還有很多，如鍋塌豆腐、鍋塌里脊、鍋塌白菜等，多爲民間常見的佳饌，後在宮廷中也頻頻出現。其中「鍋塌雞」是乾隆帝喜食的菜餚之一。

# 餐餐都有的佐餐小菜

皇帝膳桌上，最方便皇帝取用的菜品是不起眼的南小菜、清醬、醬三樣、老醃菜等。

冬季，醃菜不僅是民間百姓餐桌上的主角，也是宮廷帝王每餐必備的佐餐小菜。

清代總管內廷事務的內務府下設御膳房、御茶房、內餑餑房、酒醋房和菜庫等機構，負責供應宮中皇帝、后妃及皇子、福晉們的飲食。每一機構又各有職守。其中御膳房人數最多，有尙膳正、尙膳副、尙膳、庖長、副庖長、庖人、拜唐阿、承應長、承應人、催長、領催、廚役等三百七十餘人，又有太監數十人。

酒醋房是內務府內管領處下屬機構之一。掌管釀造、存儲酒醴醬醋。建於順治十年，其主要任務是爲宮廷的宴飲製作高級調味品和飲料，如承做玉泉酒（白酒）、醋、豆醬、麵醬、清醬等。此外，還製作各種美味的醬菜，如醬瓜條、醬王瓜、醬茄子、醬苤藍、醬胡蘿蔔、醬紫薑、醬糖醋蒜、醬豆豉、醬萵筍、醬冬瓜片、醬包瓜等，以供內廷及筵宴需用。

皇帝的餐桌上，大凡天上飛的、河裡遊的、地上跑的，只要想吃恐怕都能吃到。然而在皇帝膳桌上，最方

▲什錦小菜

便皇帝取用的菜品，卻是不起眼的南小菜、清醬、醬三樣、老醃菜等。

吃醃菜，在中國有著悠久的傳統。《周禮・天官》就有「大羹不致五味也，鉶羹加鹽菜矣」的說法。所謂羹就是用肉或醃菜做成的湯，這是中國對醃菜吃法最早的文字記載。後來東漢、唐、宋、明、清對醃菜均有詳細的記載和論述。清代人著作《眞州竹枝詞引》中記載：「小雪後，人家醃菜，曰『寒菜』……蓄以禦冬」醃菜不但古老，且很普及，品種多樣，五味俱全，且各地皆有特色。醃菜不僅是民間百姓餐桌上的主角，也是乾隆帝對錦州什錦小菜讚不絕口，並為此寫下對聯「名震塞外九百里，味壓江南十三樓」，橫批「什錦小菜」。

宮廷帝王每餐必備的佐餐小菜。

清代皇帝的佐餐小菜有南北之分，江南的杭州、揚州以甜口著稱的南味小菜在明代就被指定爲進貢宮廷的特貢。北方的津門冬菜、保定的麵醬和春不老、錦州的醬菜都是清代皇帝愛吃的。

康熙三十七年皇帝東巡盛京，一路上御膳房爲康熙帝準備的除行圍所獲獐、麅、野鹿、野兔、魚等野味外，多是豬油炒白菜、豬油炒芹菜、豬油炒胡蘿蔔、醬燒茄子、韭菜盒子、醃水焯醬瓜、水焯白菜心等，還有盛京內務府預備「醃菜一千八百五十斤」。其中錦州特產「錦州小菜」，是康熙帝最愛吃的醃菜之一。錦州小菜有什錦小菜、滷蝦醬、原封貢蝦，蝦油醃的小黃瓜、青椒、豇豆等品種，康熙初年就是皇家貢品。

乾隆四十一年元旦家宴，金龍大宴桌上除了果盒外，全桌八路共擺膳一百零八品，其中八十八品是冷膳、熱膳、群膳，佐餐小菜就擺出了什錦小菜類、蝦油製品類、蝦醬類、鹽漬菜等二十品。

# 松仁瓤山楂

松子仁是十月的薦新食材，是宮廷製作糕點的珍貴原料。

山楂和松仁既是東北特產，又是應季食材。

松子仁與山楂搭配是宮廷大宴中果桌的常客。

松子仁與山楂配伍稱「松仁瓤山楂」，是宮廷大宴中果桌的食品之一。果桌的食品有：蜜果四品、奶子四品、乾果四品、鮮果四品、糕四品、果碗八品。其中果碗的八個品種是：壽字南薺、蜜餞紅櫻桃、松仁瓤荔枝、蜜餞繡球梅、松仁瓤紅果、蜜餞枇杷果、青梅瓤海棠、蜜餞白櫻桃。八品果碗都是由蜜餞加工而成，顏色協調，味道甜、酸、香適口。

山楂和松仁都是東北的特產。山楂外表呈粉紅色，酸甜適口，消食開胃。尤以遼西的老熟山楂顆粒大，均勻飽滿，肉質紅潤。因這裡四季分明、晝夜溫差大、無霜期長，因此是較爲優質的山楂種植地。

松子仁爲松科植物紅松的種子仁，又稱松子、海松子，產自小興安嶺。紅松子仁口感圓柔、香甜可口、回味綿長、味甘性溫，具有滋陰潤肺、美容養顏、延年益壽等功效。松子仁是宮廷製作糕點、飲品、松仁糖的珍

▶松仁瓤山楂

貴原料。

松子仁和山楂都是秋季的應季食材，同時也是東北特產，既符合清代宮廷不時不食的傳統習慣，又能知禮節、不忘祖。

# 故宮宴

拾壹月

## 開篇：乾隆賞御廚

清代乾隆帝南巡，因喜食江南食品，就將蘇、杭兩地的廚師帶回宮裡。帶回宮的廚師人數不多，最初僅是皇帝用膳時臨時點菜，再烹調製作，但隨著清代宮廷飲食文化的發展，江南廚師也漸漸成爲乾隆帝正膳肴饌的專門烹製者，餐餐指名要某某廚師製做，幾乎到了無江南風味食品不進膳的地步。

根據記載，在乾隆帝每日的膳單中，打頭菜（第一道菜）都是署名張東官、雙林製作的。膳單中還反復出現用膳時指名命張東官添菜的記載。乾隆四十二年七月二十一日至九月二十五日東巡盛京，乾隆帝又親自點名「叫張東官隨營供膳」。在整個東巡的兩個月零六天中，張東官與隨營的三十多名廚師都爲帝后烹製肴饌，但得到皇帝賞賜的僅有張東官、常二、鄭二三個人。而常二、鄭二每人各得一次賞，張東官卻接連得到：一兩重銀錁、二兩重銀錁、黑貂帽檐、大捲五絲緞等五次重賞。一個廚師，在皇帝心目中佔有如此重要的位置，可見其廚藝何等高超。張東官原是蘇州織造官普福家的廚役，乾隆三十年第四次南巡途中，品嘗了他烹製的風味菜餚後，讚不絕口。回京時，把他帶到北京，讓他先在長蘆鹽政西寧家住下。乾隆帝每每離京出巡，都在離京的前一天召張東官一同出京，回京後又將他送回西寧家。乾隆帝住京郊圓明園、承德避暑山莊等地時，也都由張東官爲他備膳。

乾隆四十九年第六次南巡時，張東官再次隨營供膳。因他已七十多歲，常有腿疼病，乾隆帝特賞他騎馬隨行。行至蘇州靈岩寺行宮時，乾隆帝經和珅、福隆安向蘇州織造下諭旨：「膳房做膳蘇州廚役張東官因他年邁，腰腿疼痛，不能隨往應藝矣。萬歲爺駕幸蘇州之日，就讓張東官家去，不用隨往杭州。回鑾之日，亦不必叫張東官隨往京去。」諭旨還傳出「再著蘇州織造（官）四德另選精壯蘇州廚役一二名，給膳房做膳」。在乾隆帝一行返京時，蘇、杭兩織造奉旨挑選了兩名精壯廚師沈二官、朱二官。直到乾隆五十八年夏天，在承德避暑山莊萬壽節上，沈二官、朱二官二人仍在爲乾隆帝烹製江南肴饌。

明代《明史・志第二十七禮五》記載：
拾壹月：蕎麥、甘蔗、天鵝、鷀、鹿。

清代《清史稿・禮志四》記載：
拾壹月：銀魚、鹿肉。

## 薦新食材

# 銀魚

# 鹿肉

# 鹿筋福肉

「麅鹿賞」是皇帝對有功之臣的賞賜。

清代皇帝視鹿肉為珍貴食材，用鹿肉祭祀和賞賜有功的滿漢臣子。

千叟宴所食菜品之一就是鹿尾燒鹿肉一盤。

清皇室發源於東北，以漁獵為生，常吃的肉食之一就是鹿肉，烹飪方法亦簡單粗獷，或燒烤、或蒸煮，如煮白肉、烤鹿肉、蒸祭神糕等都是滿族常吃的食品。清皇室入關之初，食用的鹿肉依賴東北三省進貢、蒙古進貢和木蘭圍場狩獵。皇室與王公日常飲膳需要的鹿筋、鹿肉、鹿尾、鹿舌、奶渣、魚、木耳、蘑菇、蕨菜、松子、野葡萄、醃豆角、醃果和蜂蜜等，皆由盛京皇家苑囿供給。無論是宮廷筵宴，還是皇帝賞膳有功之臣，東北特產永遠是主角。

每到年底，皇室例行向滿、蒙八旗軍的有功之臣頒賜「麅鹿賞」。如《京都竹枝詞》中所寫：「關東貨始到京城，各路全開麅鹿棚。鹿尾鰉魚風味別，發祥水土想陪京。」「麅鹿賞」使遠離故土的八旗士兵和眷屬能夠吃到家鄉的味道。

清皇室入關之後，愛新覺羅家族為了表示不忘本，

▶鹿筋福肉（製作時用牛肉代替了鹿肉）

一直在服飾、髮式、禮儀、飲食等方面堅持傳統習俗，康熙帝創建「木蘭秋獮」制度，目的則是爲了訓練八旗官兵、懷柔蒙古王公，傳承滿族騎射武功得天下的傳統。狩獵的獵物中最看重的是鹿，只要是皇帝親自射殺的鹿都會進獻奉先殿，告慰列祖列宗。據史書記載，康熙帝曾將自己獵得的鹿尾獻於其母和祖母。乾隆帝一生獵獲了數百隻鹿，《乾隆皇帝圍獵聚餐圖》正是描繪了乾隆帝把狩獵得到的獵物交給御前侍衛，等待香噴噴的美食出爐的場景。

鹿肉是熱量較高的肉食，從深秋到整個冬季，乾隆帝御膳常有食用，如燒鹿肉燉豆腐、燒鹿筋、鹿肉暖鍋、鹿肉餡包子等。嘉慶四年正月初一，那時乾隆帝已是太上皇，正月初四是他離去的前兩天，膳單中有二十二品菜，其中有高熱量的燒鹿尾、扒鹿筋、雞絲燕窩、炒雞蛋等。除吃鹿肉外，乾隆帝還發明了一道名爲「熱洛河」的菜。即用鹿血和鹿腸一起煎煮，並要趁熱食用。鹿血軟嫩，鹿腸酥香，口味醇厚。

▲《乾隆皇帝圍獵聚餐圖》局部

# 厭於藥、喜於食

清代宮廷中的后妃有「冬食茯苓夏食梅湯」的傳統。

北京故宮博物院現仍存兩棵碩大的茯苓樹，已是極其珍貴的文物。

茯苓營養豐富，清代宮廷的后妃有「冬食茯苓夏食梅湯」的傳統。據《神農本草經》記載：伏苓「久服安魂養神，不饑延年」。茯苓屬菌生植物，是中國流行甚廣的滋補佳品。茯苓外部粗糙呈黑褐色，內裡肉質細膩乳白。將茯苓去皮、磨面，可做主食——茯苓包子、茯苓糕；茯苓還可做湯——黑魚茯苓湯等。清代宮廷后妃還喜食用茯苓製成的八珍糕、八珍湯。

八珍糕原方首見於明代陳實功所撰《外科正宗》一書。原料配方用茯苓、黨參、白術等八味中藥加米粉製成，故稱「八珍糕」。「八珍糕」又稱「肥兒糕」，是幼兒培元益氣、增進食欲的良藥。

乾隆帝初次南巡時，行到江浙，地方官將此糕作爲地方特產獻給皇帝品嘗。乾隆帝吃罷，覺得風味奇特、香甜異常，十分讚賞。遂將配方帶回紫禁城，如法炮製，賞給宮內后妃食用。清代宮廷的后妃除早晚請安

◀茯苓餅

外，無其他活動，常覺悶倦、肝氣不舒、茶飯不香。自從八珍糕在宮裡出現，就受到后妃們的喜愛。八珍糕香甜可口，既無藥味，又能治病養身，非常適合「厭於藥、喜於食」的宮廷后妃。

除了八珍糕外，清代宮廷后妃還用茯苓配製八珍湯以代茶飲。八珍湯用薏仁、扁豆、茯苓、蓮子、冬瓜皮、芡實、炒山藥、小米一同煮熬。長期飲用可清火、生津、滋養皮膚與頭髮。

據傳慈禧太后晚年，一次重病後身體十分虛弱，想吃茯苓餅。廚役們送來的茯苓餅甚是好看，如雪似玉，但吃到嘴裡卻寡淡無味。慈禧止要大發脾氣，突然看到幾案上放著的果盒，便令人把果盒捧過來，揀了幾樣平時愛吃的蜂蜜松仁、桃仁夾到茯苓餅中。這時慈禧再一吃，便異常喜愛，此後隔幾日就會傳壽膳房做茯苓夾餅，並欽定爲「清宮御點」。

# 豆汁兒入宮

每年農曆九月至第二年立夏後五天，御膳房和壽膳房都要製作豆汁兒。

豆汁兒雖不名貴，卻被乾隆帝所喜愛，並將其引入了宮廷御膳中。

喝豆汁兒是一種享受，主味酸、回味甜，妙不可言。

豆汁兒是老北京獨具特色的民間小吃。豆汁兒以綠豆爲原料，經過發酵、過濾等製作工序，製成淡綠色的汁。豆汁兒氣味獨特，有些初次品嘗的人可能會難以接受。據《燕都小食品雜詠》記載：「糟粕居然可作粥，老漿風味論稀稠。無分男女齊來坐，適口酸鹽各一甌。」意思是，豆汁兒是雅俗共賞的佳品，主味酸、回味甜，妙不可言。

豆汁兒雖然不名貴，卻被乾隆帝所喜愛，並將其引入到宮廷御膳中。

乾隆十八年，內務府在民間招募技術高超的豆汁兒廚役進宮爲皇室製作豆汁兒。據記載，有大臣上奏：「近日新興豆汁一物，已派伊立布檢查，是否清潔可飲。如無不潔之物，著蘊布招募豆汁匠人二三名，派在御膳房當差……」就此，源於民間的豆汁兒就成了宮廷御膳之一。

▲豆汁兒

每年農曆九月至第二年立夏後五天，御膳房和壽膳房都要製做豆汁兒，皇室們在進食酒肉之餘，皆飲豆汁兒以解油膩。據說，咸豐梓宮（靈梓）回鑾，慈禧和慈安兩太后帶領同治帝一回到宮裡，即向壽膳房要豆汁兒喝，說明豆汁兒深受清代皇室喜愛。

# 羊肉進補

羊肉湯麵，後宮進補。

羊是人類較早飼養的家畜之一。

到了清代，羊肉的吃法可以說是發展到了極致。宮廷御膳中常出現羊肉菜餚。

▶烤黃羊肉片

羊是人類較早飼養的家畜之一。根據民俗家考證，羊肉作爲美食發端於五、六千年前的彭祖，將吃草的羊和水裡的魚共煮，將「鮮」發揮到了極致，「羊方藏魚」這道美食更是名揚千古。

魏晉時期人們就吃烤羊肉，對此，嘉峪關出土的壁畫中有清晰的描繪。唐代賀朝描寫的「玉盤初鱠鯉，金鼎正烹羊」中就提到了唐代胡姬酒館中提供羊肉。而唐代宮廷的「靈消炙」也是膾炙人口的羊肉美食。尤其是流傳下來的唐代燒尾宴食單，僅存的五十八道菜中羊肉占了很大一部分。

兩宋時期，上至皇室貴族，下至黎民百姓，都對羊肉喜愛有加，宮廷「飲食不貴異味，御廚止用羊肉。此皆祖宗家法所以致太平者」，可見對於羊肉的喜愛。羊肉成了皇室祭祀、賞賜的必備品，甚至還成爲了官員俸祿的重要組成部分。

▲酸辣羊肚

▲羊肉麵

元代宮廷太醫忽思慧所寫的《飲膳正要》中列舉的菜餚裡，以羊肉為食材的占了百分之八十。《本草綱目》中說，羊肉能暖中補虛，補中益氣，開胃健力，安心止驚，治虛勞寒冷、五勞七傷。吃羊肉更是時人高品質生活的象徵。

到了清代，羊肉的吃法更是花樣繁多。選用當年的羊羔，經春夏兩季飼養，膘肥肉嫩，宰殺後肉味醇厚，膻味小，湯汁鮮美，宜於食用。宮廷御膳中常出現的以羊肉為食材的菜餚有羊西爾占、羊肉片氽蘿蔔、烤黃羊肉片、羊肉燉凍豆腐、羊肉丁蘿蔔醬、羊肉片炒羊角蔥、燒羊肝、炒羊肝尖、酸辣羊肚等。

羊肉還被當作冬季進補的重要食品之一。寒冬常吃羊肉可益氣補虛，促進血液迴圈，增強禦寒能力。羊肉還可促進消化酶的分泌，保護胃壁，有助於消化。宮廷后妃冬季常食藥膳「羊肉當歸湯」，其作用是補氣、養血，對氣血不足、正氣內虛、易受邪侵等症均有成效。

# 糟滷四樣

清代宮廷的糟製食品品項繁多，魚肉蛋菜都有。

御膳中的糟鴨蛋、糟筍片、糟萵苣、糟蘿蔔是必備小菜。

一提起「糟」味的食品，會讓很多人都覺得是江南口味。然而，在清代宮廷御膳中帶「糟」的菜名有很多，涵蓋魚肉蛋菜等食材，如魚肉類有糟魚、糟鹿尾、糟豬肉、糟火腿、糟鴨腰、糟雞；蛋類有糟鴨蛋、糟鵝蛋；蔬菜類有糟筍片、糟萵苣、糟蘿蔔……。

「糟」是釀酒時剩下的酒糟的提取物。清代宮廷有酒醋房，每年深秋開始釀酒，每年釀造八千餘斤玉泉酒。所以有大量的酒糟可以使用，給糟滷菜提供了豐富的製作原料。製作糟滷時，在酒糟中添加一定比例的鹽、糖、紹酒、蔥、薑等配製成稀糊，用加蓋容器浸泡二十四小時後，倒入布袋裡過濾，濾出的汁液就是糟滷。精製而成的糟滷透明無沉澱，口味鮮鹹適中，經過糟滷醃漬的食品醇香味美。

皇帝御膳中的糟滷四樣：糟鴨蛋、糟筍片、糟萵苣、糟蘿蔔是必備的小菜。清代皇帝的宮廷御膳餐桌上

無論有多少十分氣派的大菜，幾樣貼近老百姓的糟小菜、醬小菜都不會缺少，這樣的飲食風格仍保持了清皇室發祥地東北的飲食特色。

◀糟滷四樣

精製而成的糟滷透明無沉澱，口味鮮鹹適中，香氣十足。

拾貳月

故宮宴

# 開篇：滿漢席

清代自康熙帝開始，每到年節都會舉行朝廷大宴，滿人用滿席，漢人用漢席，以滿食為尊。後來隨著滿族的達官權貴與漢族官員的交往越來越多，對漢族的飲食文明和烹調風格耳濡目染，便有了「飲食服用，皆如華人」的記載。康熙帝為了迎合更多人的需求，也為了維護自己的統治，於康熙十三年決定進行宮廷食制改革，罷燔炙牲酒，即改變滿族粗獷的飲食方式。康熙二十二年「宮中元旦日，改滿席為漢席」，使漢族菜餚的宴席和滿族菜餚的宴席，第一次並列出現在這一年的春節宴會上。在當年的《大清會典》中記載，漢席和滿席被一起列入了朝廷的禮食制度。出席宴會的文武官員不再以滿人、漢人區分入席，而是統一按官銜頂戴品級入席。

但是，滿席的名字依然存在著，逐漸縮小了滿漢兩族菜點的差異，此後就連滿漢官員的相互宴請都是滿漢同席。

滿漢席是清代宮廷規格最高、菜點品種最多的宴席，由滿點和漢菜兩部分組成。滿點即滿洲餑餑，漢菜則指以漢族傳統風味為主的宮中菜餚。宴席中主、副食兼備，滿、漢風味齊全，以菜點種類多而著稱。但是，文獻記載卻從沒有出現過「滿漢全席」的說法。

清代中期，乾隆帝多次巡視江南，駐蹕揚州天寧寺行宮時，揚州的地方官員爲了招待隨皇上而來的隨行官員，在一條街上擺設了一百多道菜品的「滿漢」宴席。當時揚州買賣街是乾隆帝下揚州時隨從官員的駐所。買賣街前後的寺觀皆爲大廚房，以備六司百官飲食，滿漢菜點達到了一百一十多種，集山珍海味於一席。江蘇的李斗先生，把當時的這一盛況記錄在了《揚州畫舫錄》中，並稱之爲「所謂滿漢席也」。

「所謂滿漢席也」的說法後來成爲大型豪華宴席之總稱，菜點也在不斷地增添與更新，成爲中華美食之縮影。由此可知，滿漢席其實並非源於宮廷，而是源於揚州，是江南的官場菜。

到了清代末期，滿漢席日益奢侈豪華且風靡一時，各地官員逐漸融合了當地的風味菜餚，形成了各具特色的滿漢席。滿漢席沒有全國統一的功能表。在不同時期、不同地區、不同場合，其宴席規格、菜餚品種和菜餚數量都有所不同。

清帝被逐出紫禁城後，內務府膳房的廚役被遣散出宮，他們爲了謀生，有一些人去酒樓飯莊重操舊業。由於有些人對清代宮廷文化充滿好奇心，以及誇富心理的作用，從未在清代宮廷出現過的「滿漢全席」便橫空出世了。

# 薦新食材

明代《明史・志第二十七禮五》記載：
拾貳月：芥菜、菠菜、白魚、鯽魚。

清代《清史稿・禮志四》記載：
拾貳月：蓼芽、綠豆芽、兔、蟫蝗魚。

蓼芽

綠豆芽

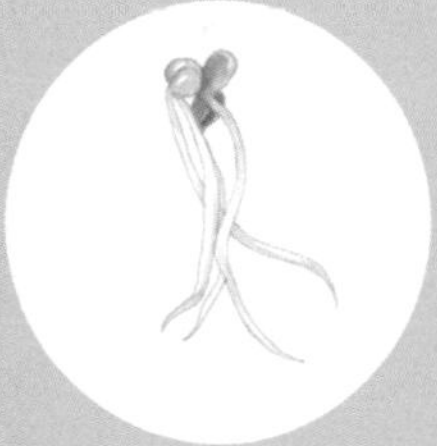

兔

鱘鰉魚

# 如意菜

豆芽外形美觀、營養豐富，是中國的傳統蔬菜。

豆芽在乾隆帝的膳單中也是常有的御膳。

豆芽因形似「如意」，故此得名。

如意菜即豆芽，是十二月太廟薦新的食材。

東北的冬季蔬菜極少，豆芽是較爲容易生長的蔬菜。清代皇室一直保留著吃豆芽的傳統。豆芽主要是指綠豆芽和黃豆芽，其口感清爽、外形美觀、營養豐富，自古以來一直是中國的傳統蔬菜。

豆芽早在戰國時期就有，當時豆芽被稱爲「黃捲」，作爲藥用。明代李時珍在《本草綱目》中記載豆芽，「惟此豆之芽白美獨異」，具有「解酒毒、熱毒，利三焦」之功。《隨園食單》稱：「豆芽柔脆，餘頗愛之。炒須熟爛，作料之味，才能融洽。可配燕窩，以柔配柔，以白配白故也。」

豆芽雖然小得很不起眼，但它能雅俗共賞。不僅民間百姓喜歡吃，還登上了清代宮廷御膳這個大雅之堂。

相傳，乾隆帝下江南時，曾在一戶農家吃到一種菜餚，乾隆帝當時覺得此菜脆嫩爽口，味道鮮美，問農婦

此爲何菜，農婦不知食客是皇帝，就開玩笑說：「此菜形似『如意』，乃『如意菜』也。」乾隆帝回京後，對「如意菜」念念不忘，但御廚不知「如意菜」是何種蔬菜，就到處詢問。後來巧遇江南的廚師，才知「如意菜」就是豆芽。

其實，宮廷御膳中一直有用豆芽，也稱「銀條」「掐菜」做素食食材的傳統。每年的四月初八佛誕日乾隆帝就下旨御膳房「止葷添素」，御膳房除了製作「溜銀條」這品菜此外，「銀苗雞絲」、「掐菜炒雞絲」、「燕窩銀條」，「攢絲銀針雞絲」等也都頗有盛名。

豆芽因其形似如意，不僅外觀精緻，還象徵著萬事如意，平安幸福，是名副其實的「如意菜」。

# 祭神肉

平時祭祀，坤寧宮要給皇帝預備祭神肉。

參加祭祀是官員資格和待遇的象徵。

坤寧宮的薩滿祭祀，有過年大祭、春秋祭、四季祭、月祭和日祭（朝祭、夕祭），一年三百六十五天，天天都有祭祀。平常朝祭每天用豬兩頭，年祭用豬三十九頭，一年用豬一千餘頭。此外，坤寧宮祭祀還會用到打糕和用黏米、黃米做的酒。

坤寧宮食祭神肉稱「吃胙肉」（福肉），坤寧宮大祭，皇上、皇后（皇后於東暖閣率貴妃以下，同受胙肉，分別食用）等參加，平時皇帝欽王公或派大臣代祭。據《聽雨叢談》所記，只有王、貝勒等及一品大臣，才會被請吃肉（個別單獨奉派例外），二品官及值南書房翰林有時也有機會參與。另外，吃肉還有嚴格的規定，根據官員的級別不同吃的部位也不同。是時，膳房大臣等捧著前肘、後肘等肉，分盛各盤，呈送眾位官員，絲毫不能混淆。

參加坤寧宮薩滿祭祀是一種資格和待遇的象徵。然

▲炒祭神肉

坤寧宮裡一年三百六十五天，天天都有祭祀。

而，祭神肉顧名思義是祭神的，白水煮肉，五六成熟就出鍋（肉不能煮得太爛），然後切成大片送給參加祭神的人食用。半生不熟、毫無滋味的肥肉，實在是難以下嚥。於是人們都偷偷地在袖口中藏一塊浸了鹽水的棉紙，吃肉時將肉在鹽紙上蹭幾下。有了鹹味之後，祭神肉吃起來就順暢多了。

其實，袖口藏鹽紙並非秘密，皇帝吃祭神肉也要炒一下。平時祭祀，坤寧宮要給皇帝預留「肉份」，交御膳房。御膳廚師要施展自己的廚藝爲皇帝「炒」祭神肉。根據檔案記載，乾隆帝最喜歡吃蘇州廚師張東官炒的祭神肉。偶有一次，他吃著覺得不對味，原來這一天張東官腿疼休息，讓他的徒弟代炒了。待張東官拖著病腿又炒了一盤給乾隆帝端上來，乾隆帝只吃了一口就說道：「這才是張東官炒的味道。」

# 臘月初八食臘八粥

吃臘八粥，至今已有一千多年的歷史了。

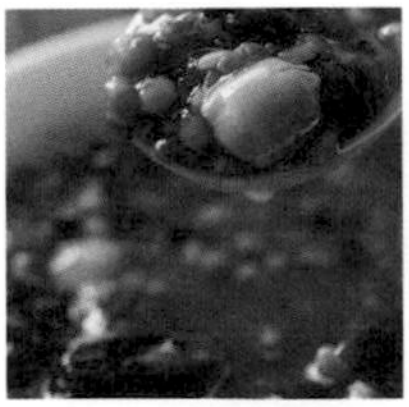

歷代飲食習俗不同，臘八粥的選用材料也不同。

臘月初八，簡稱「臘八」。在臘八這一天要熬煮臘八粥吃，宮廷和民間都是如此。

清代吃臘八粥之風更盛。清代宮廷每逢臘八，皇帝都要向文武百官、宮女侍從賜臘八粥，並向各大寺院發米、果，以供僧侶食用。在民間，家家戶戶紛紛熬煮食用，臘八粥的花樣也越來越多。

史料記載，食臘八粥之俗，始於宋代，至今已有一千多年了。宋人孟元老《東京夢華錄》記載：「初八日，街巷中有僧尼三五人作隊念佛，以銀銅沙羅或好盆器，坐一金銅或木佛像，浸以香水，楊枝灑浴，排門教化。諸大寺作浴佛會，並送七寶五味粥與門徒，謂之『臘八粥』。都人是日各家亦以果子雜料煮粥而食也。」這「七寶五味粥」是以棗、杏仁、核桃仁、蓮子、花生和米豆等物煮成稀粥而成。

因歷代飲食習俗不同，臘八粥的選用材料也不同。

宋代用胡桃、松子、乳蕈、柿、粟、栗、豆做粥；清代根據乾隆三十年的檔案記載，宮廷臘八粥的配料爲陳粳米、大黃米、黃小米、紅棗、核桃仁、栗子、松仁、建蓮（福建產的蓮子），但增加了少量的新粳米，這樣熬出來的粥更黏潤，口感更好。

到了臘八這天清晨，乾隆帝還會在雍正帝的潛龍邸雍王府（雍和宮）內作佛事，並將宮廷內的兩口大鍋支在雍和宮前的空地上煮臘八粥，欽派王公大臣監視熬粥。清代帝王、后妃中多有信佛者，尤以雍正帝后最爲虔誠，也最重視這一節日，更視臘八粥爲重要的節日飲食。

▶臘八粥

# 「冬至餛飩」是古風

清代宮廷視冬至為全年三大節之首，在這天皇帝的重要活動是祭祀祖先。

中國的傳統節日都有對應的飲食風俗。

「冬至」是二十四節氣中最早制定的一個。

將冬至視爲節日源於漢代，據《漢書》記載：「冬至陽氣起，君道長，故賀。」唐、宋、明、清相沿，將其稱爲「冬節」、「長至節」等，還有「冬至大如年」的說法。

中國的傳統節日有個共同的特點，常以吃某種食品來表示對某一節日的慶賀，無貧富之別，無官民之分。因此，各個節日都有對應的飲食風俗。

冬至這一天便吃餛飩，宋代陳元靚的《歲時廣記》稱：「京師人家，冬至多食餛飩，故有冬至餛飩年之萌始之說。」《燕京歲時記》記載：「夫餛飩之形有如雞卵，頗似天地混沌之象，故於冬至日食之。」冬至日吃餛飩，有紀念開天闢地偉大功績的意義。

根據《膳食檔》記載，清代宮廷過冬至，既吃餃子也吃餛飩。清代潘榮陛編撰的《帝京歲時紀勝》記載：「預日爲冬夜，祀祖羹飯之外，以細肉餡包角兒奉

獻。」冬至前一天，皇帝御膳有「煮餑餑」一品，到了冬至當天，早膳變爲有「澆湯餛飩」一品。在古代，餛飩是餅的一種，差別爲其中夾內餡，經蒸煮後食用；若以湯水煮熟，則稱「湯餅」。清代人形容冬至節的餛飩：「點心也，漢代已有之。以薄麵爲皮，有襞積，人呼之曰縐紗餛飩，取其形似也。中裹以餡，鹹甜均有之。其熟之之法，則爲蒸，爲煮，爲煎。」由此看來，餛飩與水餃並無區別。只是餛飩重湯料，而水餃重蘸料。

在冬至這一天，宮內凡供奉佛、道、儒、祖的場所，都要供上餛飩。清晨，待皇帝朝服、朝冠、朝珠穿戴整齊後，先到南郊祭天，後到太廟、奉先殿祭祖，行冬至禮。同時，派遣王公們代替皇帝在宮內各供奉處行冬至禮。所以說，清代宮廷不但膳食得體，還十分重視祭祀先祖的儀式。

# 溥儀生日吃西餐

溥儀對西餐的喜愛，達到了如癡如狂的地步。

紅牆黃瓦隔不斷溥儀對新鮮事物的嚮往和追求。

辛亥革命以後，溥儀仍居住在紫禁城的後半部，對內繼續稱「宣統」年號，過著「小朝廷」的生活。然而，紅牆黃瓦也隔不斷溥儀對新鮮事物的嚮往和追求。他在紫禁城內一次次地自我革命：剪辮子、穿西裝、戴眼鏡……尤其是他對洋食品——西餐的喜愛，竟達到如癡如狂的地步。

一九二二年正月十四，是溥儀十六歲生日。宮中的三位老太妃——敬懿皇貴太妃、榮惠皇貴太妃（此二位爲同治妃）和端康皇貴太妃（光緒的瑾妃）每人賜給他一桌當時最時尚的壽宴。

大碗公菜二品：冰糖蓮子、一品鴨子；大碗菜四品：清蒸爐肉、四喜丸子、燒素雜樣、清湯三絲；中碗菜四品：紅燜筍雞、壽意魚脯、五香羊肉、燴什錦丁；懷碗菜四品：清蒸鴨條、糟酒魚片、燴蝦仁、炒蟹肉；碟菜八品：里脊絲炒茭白、果藕杏干肉、瓤山藥、清醬

◀煎豬排鳳梨

肉、桶子雞、滷什錦、吹桶肚、香酥雞；片盤二品：掛爐豬、掛爐鴨子；餑餑四品：壽意白糖油糕、壽意苜蓿糕、壽意立桃、壽意百壽桃；湯一品：八仙木樨湯；壽麵一大碗、麵滷一碗、炸醬一盅、麵碼一盤。

面對如此豐盛的壽宴，溥儀只是看了看，就賞給別人吃了。原來，番膳房早已給他準備了西餐「清東加青茉丁、釀雞子白汁、小腸白菜、燜小羊肉片配紅蘿蔔、火腿配生菜、煎豬排鳳梨、烤白鴨蘋果泥、鴨肝大米飯、馬代拉酒汁子、奶油蛋糕、香桃奶油小點心、果子醬麵包、鮮果品、黃油起士、法國白蘭地酒、法國紅酒、法國白酒、啤酒、汽水」。

一九二三年溥儀成婚了。他與皇后（婉容）和淑妃在紫禁城的麗景軒內一起用膳。婉容喜歡吃西餐，與溥儀口味相同，可是淑妃卻吃不慣。溥儀爲了「將就」這一后一妃的飲食，曾向兩膳房下旨「每日早餐番菜二份，晚中餐三份。淑妃常用中餐，可不備西餐」。卽早膳同婉容一起吃西餐，晚膳，溥儀、婉容、淑妃三人一起吃中餐。可是沒過多久，這種三人同桌而食的局面就維持不下去了。

爲了吃到洋廚師做的西餐，溥儀的番菜膳房一次就添置了冰淇淋桶兩個，銀餐刀叉、勺各二十把，咖啡壺三把，銀盤、銀套碗等各二十件。江西景德鎭也爲溥儀特別燒製了一套白地紫龍紋飾的西餐具，包括湯盆、大中小號盤、碗等四十多件。

▶《弘曆雪景行樂圖》

# 附錄：宮廷飲品

## 新茶要試茗

飲茶，在皇家是一件大事。國宴、家宴更是「一茶當先」，先飲茶，再進餐。尤其是皇帝國子監講學例行賜茶，稱為「臨雍禮茶典」。

清代皇帝尊孔崇儒，遵循古禮。皇帝於國子監舉行大典並親自講學，稱為視學。據載，雍正二年，雍正帝親臨國子監彝倫堂視學，禮成，隨後於禮部賜宴，設漢席八十席，只供清茶。乾隆四十八年，皇帝下令在彝倫堂前修建辟雍。第二年，皇帝臨雍講學，舉行了隆重的茶典。皇帝每次臨雍視學，觀禮聽講者三千八百人，國子監生皆於廊下橋上聽講。視學第二天，禮部賜講官、執事、大臣宴。宴會分頭等、二等、三等漢席，茶用貢茶，錫茶壺。與宴官員一身朝服，行三跪九叩禮後入座品茶。

在清代每年新茶上市前，還會由皇帝進行「試茗」。清代皇帝將「試茗」作為重要的春季禮儀活動，康熙時期尤為重視。清代皇帝的試茗，多在穀雨後，專為品嘗頭貢佳茗而進行的一項活動。歷史上有清明獻新茶的習俗，以採自穀雨前的杭州龍井新茶為貴，清明前採的進貢茶爲「頭綱」。因新龍井茶數量極少，地方官爲了向皇帝獻新茶，在清明節的前三天，就令浙江茶農趕季節採摘，搶時間加工。當採摘的龍井嫩芽加工炒製成後，又不惜工本叫人晝夜兼程送到北京。皇帝得到新龍井茶後，先用新茶祭祀宗廟。試茗多在皇宮大內，有時因帝王外出也在途中進行，或在西苑、圓明園等優雅的地方進行。皇帝試茗的同時，一邊品嘗著茶湯的香味，一邊興致勃勃地吟詩作賦。

試茗之後，新茶才可以在民間買賣、品嘗，由此拉開全年飲茶帷幕。

▲清代乾隆粉彩雉雞牡丹紋碗

▲清代乾隆紅漆描黑三清茶詩蓋碗

# 講究的宮廷茶具

清代康熙、雍正、乾隆三帝飲茶喜用紫砂茶具。紫砂茶具產自江蘇宜興，始於宋、盛於明。紫砂器胎無釉，具有透氣而不滲水、泡茶保持清香而不變質、耐熱性能好而傳熱慢、冬季泡茶不炸裂等特點，深受人們的喜愛。

紫砂器本身色澤素雅，含有純樸的自然美感，因而一躍成爲陶藝中的佼佼者。「康熙款琺瑯彩牡丹紋紫砂壺」，乾隆時期的「描金彩繪瓜棱酒壺」、「蓮瓣碗」，「竹節茶壺」等都體現了宮廷技藝的精細。

清代宮廷茶具中，還有瓷蓋碗、玉蓋碗、漆蓋碗、金蓋白玉碗、金蓋翠玉碗、銀蓋白玉碗等。

蓋碗即爲一蓋一底合起使用，碗底設碗托。蓋碗的蓋略小於碗，是品飲時刮茶葉用的。蓋碗泡茶量小，適於細細品飲。爲了方便端碗避免燙手，拿住茶託端起茶杯。茶託多爲金、銀、銅胎燒藍材質，製成圓形、荷葉形、蓮瓣形、元寶形等。清代中晚期，宮廷飲茶多用蓋碗；道光帝飲茶用金蓋白玉碗；同治時期，慈禧飲茶視季節選用茶具，冬季飲茉莉花茶用黃地白裡萬壽無疆瓷蓋碗。

這種碗胎薄如紙、瓷面光潔均勻、造型纖秀精巧、紋飾五彩繽紛。濃烈的茶香與蓋碗的造型和紋飾融爲一體。到了夏季，慈禧喜歡用金碗蓋的白玉碗泡金銀花茶。碗以羊脂白玉琢成，蓋爲黃金四層塔狀。淡淡的茶湯與白玉碗、黃金碗蓋互相映襯，清爽宜人。這些精美、奢華的茶具彰顯了品飲者的高貴身份。

▲清代雍正宜興窯紫砂泥繪蘆雁紋茶葉罐

# 清宮時尚飲品普洱茶

清代皇室進入北京後，仍然保持著滿族食肉多的飲食習慣。因此，皇室需要消化功能強的飲品來平衡膳食。普洱茶茶味醇厚，有助消化的功效，深爲清代帝后所喜愛。尤其是北方冬季氣候乾燥，更需多飲普洱茶。在清宮飲普洱茶一度成爲一種時尚。

然而，在宮裡生活的人很多，眞正能享用普洱茶的只有皇帝、皇太后、皇后，因爲當時普洱茶很珍貴，與鹿茸、人參並稱爲「宮中三寶」。

康熙五十五年，鎮守雲南開化等地的地方副管總兵官事閆光煒，爲了恭祝康熙帝六十三壽辰：「恭進：普洱茶四十圓，孔雀翅四十副……」奏摺上面康熙帝在折後用朱筆批道：「知道了。」

雍正七年，雲貴總督鄂爾泰奏請實行改土歸流政策，在思茅（今普洱）設總茶店，以集中普洱地區的茶葉貿易，由官方壟斷經營茶葉，清代朝廷插手、控制、壟斷雲南普洱茶。爲了保證皇帝能享用到最好的普洱茶，進貢給宮廷的普洱茶採摘講究「五選八棄」。五選：選日子、選時辰、選茶山、選茶叢、選茶枝；八棄：棄無芽、棄葉大、棄葉小、棄芽瘦、棄芽曲、棄色淡、棄蟲食、棄色紫。在嚴格的挑選程序之後，貢茶廠才開始進入加工環節。

雍正時期，普洱茶一年的入貢量已達五千餘斤。

清代晚期，曾經侍奉慈禧八年之久的宮女記載，在日常生活中，老太后（慈禧）進屋（儲秀宮）坐在條山炕的東邊，敬茶的先敬上一杯普洱茶。老太后年事高了，正在冬季裡，又剛吃完油膩料理，所以要喝普洱茶，圖它又暖胃又能解油膩。

普洱貢茶進入宮廷，長達二百餘年不衰。時至今日，北京故宮博物院裡還珍藏著七十多件普洱茶。其中生產於清代光緒年間的「萬壽龍團」普洱，歷經一百多年的時間仍然保存完好，是目前唯一能夠驗明正身的古董級貢茶。

▲清代雍正窯變釉菊瓣式扁壺

# 先進工藝普洱茶膏

清代茶葉品種繁多，清代宮廷不僅注意保留歷代名貴貢茶，還在茶的加工方面超越了前人。始於唐、成於宋的普洱茶膏，被譽爲茶中黃金，在清代宮廷也得到了發展，不僅拓寬了御茶品種，還注重開發茶的藥用保健功能。

起初，清代宮廷在雲南設「貢茶院」，專司熬製普洱茶膏。乾隆年間，由於大鍋熬製茶膏存在品質的問題，加上清皇室從飲用安全性的角度考慮（因那時雲南局勢一直不穩定，害怕被投毒），把茶膏的製作直接遷入到清代皇宮內的御茶房，並且在製作工藝上做了非常大的改進。當時的皇家已經非常推崇普洱茶膏，隨著茶膏越來越受歡迎，後期只有宮廷裡才允許製作茶膏。最終，普洱茶膏成爲宮廷御品，也成爲民間難得一見的珍品。

清代宮廷熬製的普洱茶膏還有預防疾病的效果，被清代皇帝視爲兼有醫療功效的飲品。

# 用天下第一泉泉水釀酒

酒與酒宴活動，自古就是宮廷皇室生活中的重要部分。在中國歷史上嗜酒的皇帝不少，因酒誤國、丟掉皇權的皇帝也不乏其人。但清代宮廷飲酒，自清太祖努爾哈赤時就有定制，飲酒僅限三巡。清代每位皇帝無不遵守，飲酒有節制。

清宮釀酒多在北京雨水少的春、秋季節，用「天下第一泉」——玉泉山泉水釀造。春、秋兩季玉泉中噴出的水最清最潔，非常適宜釀酒。

玉泉酒專供清代皇帝平日用酒及節日飲用和御膳房做菜調味。乾隆帝每日早晚兩膳後，晚上還有一次小酌酒膳。乾隆四十八年五月十四日，太監常寧傳旨：「自今日起，以後做膳不用招（著）玉泉酒，因爲皇上有病症。」乾隆四十八年五月二十四，乾隆帝出巡熱河、盛京，乾隆四十八年五月二十八日行至常山峪行宮，進早膳之後，太監又傳旨：「今日晚膳……使些玉泉酒。自今日晚膳起，玉泉酒二兩照例添起。」看來，乾隆帝小病已癒，不僅每晚酒膳恢復了，日常膳玉泉酒調味也復原了。

逢年過節、皇帝萬壽、皇后千秋等設擺酒宴是宮廷用酒最多的時候。如遇祭壇祈穀、祭典社稷、祭天祭地等，要供酒十五斤。

清代宮廷御膳房也爲皇帝配製各種藥酒，以療治皇帝之疾。從嘉慶九年十二月初二起至嘉慶十三年十二月止，嘉慶帝曾長期飲用清熱除濕酒。光緒十年，慈禧太后、皇帝、內廷主位膳房用酒，御前太監添行盒飯用酒，奉先殿等處供酒，合藥用酒等，共消用玉泉酒八千零八十斤二兩。可見，清代廷宮用酒的數量是十分驚人的。

▲清代乾隆年製鳳鳥尊

▲清代犀角鳥形杯

# 故宮宴

作　　者　苑洪琪、顧玉亮
繪　　者　盧　潔、王靜思
攝　　影　王海博

發 行 人　林敬彬
主　　編　楊安瑜
編　　輯　李睿薇
編輯助理　戴詠蕙
內頁編排　李建國
封面設計　林子揚
編輯協力　陳于雯、高家宏

出　　版　大旗出版社
發　　行　大都會文化事業有限公司
11051 台北市信義區基隆路一段 432 號 4 樓之 9
讀者服務專線：（02）27235216
讀者服務傳真：（02）27235220
電子郵件信箱：metro@ms21.hinet.net
網　　　　址：www.metrobook.com.tw

郵政劃撥　14050529 大都會文化事業有限公司
出版日期　2022 年 02 月初版一刷
定　　價　480 元
I S B N　978-626-95163-6-0
書　　號　B220201

Metropolitan Culture Enterprise Co., Ltd.
4F-9, Double Hero Bldg., 432, Keelung Rd., Sec. 1, Taipei 11051, Taiwan
Tel：+886-2-2723-5216　Fax：+886-2-2723-5220
E-mail：metro@ms21.hinet.net　Web-site：www.metrobook.com.tw

◎本書由化學工業出版社授權繁體字版之出版發行。
◎本書如有缺頁、破損、裝訂錯誤，請寄回本公司更換。


國家圖書館出版品預行編目（CIP）資料

故宮宴/苑洪琪, 顧玉亮著；盧潔、王靜思繪;王海博攝.
-- 初版. -- 臺北市：大旗出版社：大都會文化發行,
2022.02
288 面 ;17×23 公分
ISBN 978-626-95163-6-0(平裝)

1. 飲食風俗 2. 文化史 3. 清代

538.782　　110021707